"工学结合教材"系列

广告策划与创意实务

主　编　徐　蔚
副主编　朱鹏举　张　斌　陆　凯　陈蔚峻
　　　　牟文斌　董承鹏　朱　雯

合肥工业大学出版社
HEFEI UNIVERSITY OF TECHNOLOGY PRESS

图书在版编目（CIP）数据

广告策划与创意实务/徐蔚主编.—合肥：合肥工业大学出版社，2015.5
ISBN 978-7-5650-2203-6

Ⅰ.①广…　Ⅱ.①徐…　Ⅲ.①广告学—教材　Ⅳ.①F713.81

中国版本图书馆CIP数据核字（2015）第096002号

广 告 策 划 与 创 意 实 务

主　　编	徐　蔚	
责任编辑	朱移山	
出　　版	合肥工业大学出版社	
地　　址	合肥市屯溪路193号	
邮　　编	230009	
网　　址	www.hfutpress.com.cn	
发　　行	全国新华书店	
印　　刷	安徽联众印刷有限公司	
开　　本	787mm x 1092mm　1/16	
印　　张	5.75	
字　　数	136千字	
版　　次	2015年5月第1版	
印　　次	2015年6月第1次印刷	
标准书号	ISBN 978-7-5650-2203-6	
定　　价	48.00元	

市场营销中心　0551-62903163　62903188　62903807

前　言

党的十八届三中全会决定提出，要深化教育领域综合改革，深入推进产教融合、校企合作，加快建设现代职业教育体系。2014年2月26日李克强总理主持国务院常务会议，部署加快构建以就业为导向的现代职业教育体系，引导一批普通本科高校向应用技术型高校转型，并将此作为即将印发的《国务院关于加快发展现代职业教育的决定》和《现代职业教育体系建设规划》的重点任务之一。国家在战略层面重视职业教育，适应职业教育的教材改革也势在必行，作为以培养动手能力为主的专科学校尤其需要理论够用、实践为重的适合一线教学的教材。鉴于此，我们编写了这本《广告策划与创意实务》，为专科广告类课程教学提供参考。

本书编写指导思想是让学生在认知广告策划的基础上，把握创意在广告中的重要作用，完成各媒体广告的创意表现。广告媒体发展至今，不论是大众媒体中传统的报纸、杂志，现代的广播电视、当今的互联网，还是诸多五花八门的小众媒体，其表达方式终究大多归结为用文字、图片、动态影像表达。针对不同形式的广告，本书从内容上分为文字类（包括语音类）、图像图画类、视频影视类三大类，同时以广告策划过程为框架、创意为中心组织教材内容。我们期望本书的努力，为学生和读者提供一个较新的广告策划创意的认知架构和实践体验。

作　者

2015 年 5 月

目录

项目一　广告策划

教学目标：

1. 知识目标：认知广告策划过程，把握创意在广告中的重要作用，了解广告公司工作节点。
2. 能力目标：结合后期项目教学能够完成广告策划书撰写。

教学重点：

1. 准确把握广告策划工作流程，领悟创意在广告中的重要作用。
2. 掌握策划书撰写的基本要求。

教学方法：

采用案例教学方法，围绕一款产品，从市场、产品、消费者、竞争者等几个方面展开调研，形成广告策略，最终依据策略，完成广告创意与设计。在生动案例中学生宏观把握广告策划流程，领悟创意在广告中的重要作用。

课时安排：

12课时。

任务一　广告策划工作流程

一、广告定义

现代广告（商业广告）的定义：

一种由广告主在付费的基础上，将经过科学提炼和艺术加工的商品、服务（劳务）或观念等信息，通过公开的媒体，向特定的对象进行传播，以期达到某种特定传播目标和效果的活动。

奥美创意总监刘继武说："在中国做广告，策略比创意更重要，因为广告不是艺术，是必须帮人卖东西的。通常在执行Idea 的时候，不是天马行空地想创意，而是要根据实际条件去想可行的创意。"

二、广告策划工作流程

广告策划的工作流程

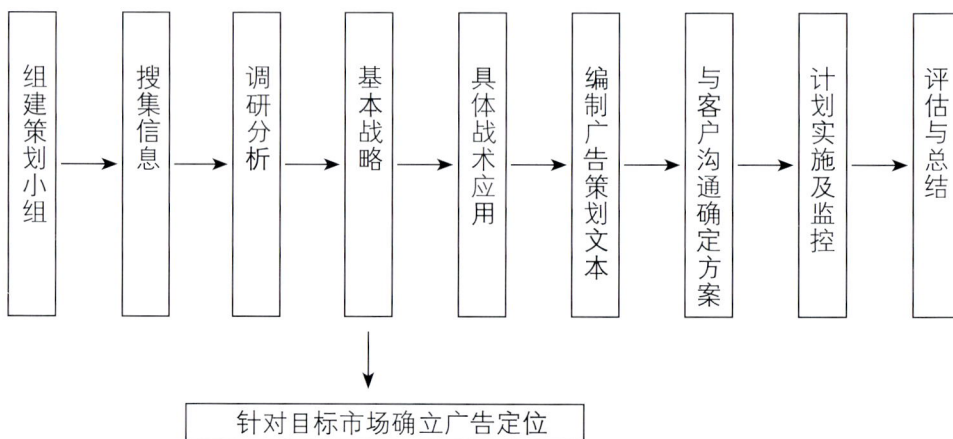

```
组建策划小组 → 搜集信息 → 调研分析 → 基本战略 → 具体战术应用 → 编制广告策划文本 → 与客户沟通确定方案 → 计划实施及监控 → 评估与总结
                                              ↓
                                   针对目标市场确立广告定位
```

（一）广告策划小组

一般而言，在标准状态下，应包括这样几种人：

AE——客户执行（它是指在广告公司中执行广告业务的具体负责人）、策划人员、文稿撰写人员、美术设计人员、摄影人员、市场调查人员、媒体联络员及公共关系人员等。

（二）广告定位

20世纪70年代艾·里斯和杰克·特劳特提出"定位"（Poitioning）概念，在国外已被认为是进行广告策划的最基本的方法之一。

所谓"定位"，最核心的就是找准一个细分市场，并且要在顾客心中占领一个有利的地位。

（三）广告策划的具体流程

所谓广告策划的作业流程，就是在广告策划的具体作业中，通过操作性强、高效率、专业化的方法步骤，有目的、有计划地使广告目标、广告策略、广告预算、广告实施计划及广告效果监测等逐渐明晰和完善，最终形成可供操作的策划方案的过程。按项目推进的顺序，广告策划的流程大致可分为客户信息阶段、作业准备阶段、策划作业阶段、广告表现作业阶段和执行作业阶段等五个步骤。

1. 客户信息阶段

在与客户接触后，与客户充分沟通，详尽了解和研究客户信息，是本阶段的主要任务。

2.　作业准备阶段

在本阶段，项目负责人开始行使推进项目的职责，根据说明会备忘确定之原则，制订具可行性的项目推动计划和策划前作业准备。

3.　策划作业阶段

在本阶段，由项目AE填写策划制作单，由客户总监、创意总监联合召集项目组成人员举行策划策略会议，根据与客户沟通和市场调查所接收到的信息，就项目的广告推进进行策略性的探讨研究。

4.　广告表现作业阶段

广告表现作业阶段是广告流程的核心阶段之一，也是广告专业人员最核心的价值创造过程。本阶段中，主要通过动脑会议、创意表现作业、创意说明会、客户创意提案、创意修正和设计完稿等环节，达到包括CF脚本、报纸、海报、POP、促销品等一系列广告品的完成。

5.　执行作业阶段

广告的执行作业是指广告公司在完成广告的创意表现后，根据创意表现效果，进行制作、发布的过程。

任务二　案例教学："动感地带"

"动感地带"呱呱坠地，最早应该追溯至2001年11月21日，给它接生的，是广东移动。广东移动的动感地带品牌试点，最开始也仅仅是出于"数据业务打包，短信批量优惠"的市场冲动。广东移动一开始就选择了"喜爱尝新、但腰包还不够鼓"的年轻用户，并且创造了一个酷酷的、刺猬头、带着一脸坏笑的虚拟卡通人物作为动感地带品牌代言人，这个最潦草的品牌包装最终成为动感地带走向全国的有力参照，因为广东移动做得很成功。

中国移动很早就看到了移动增值服务的盈利前景，并且在2000年的时候就处心积虑地构筑了一个桥头堡——移动梦网，但由于国内消费者对增值服务消费的不成熟，移动梦网的惨淡让中国移动大失所望。而动感地带的横空出世，让中国移动看到了曙光。中国移动决心重金扶植动感地带来为移动梦网输血。

一、"动感地带"营销环境分析

（一）行业环境以及竞争者分析

中国移动在几年来的发展中，已经确立了自己在移动通信行业中的主导地位，并且随着自己网络的逐步覆盖以及用户群体的增长，它所具有的丰富资本运营和服务运用优势也逐步显露出来，成为对手无法企及的优势。

中国移动进行内外部环境的具体分析，下表一列出了中国移动的优势、弱点、机会、威胁分析（SWOT 分析）。优势和弱点主要是从企业内部分析，而机会和威胁则主要是从企业外部分析。

表一　中国移动的 SWOT 分析

优势	移动业务上的领先优势；资产结构良好； 丰富的资本运营经验；品牌知名度和美誉度较高
弱点	业务单一；频率成为进一步发展的瓶颈； 没有长途光纤骨干网；本地网资源很弱
机会	3G 将增强其竞争优势；引进更多的战略投资； 成熟的资本运作可以快速发展其他业务； 电信行业监管政策将更趋公平，获得公平竞争环境
威胁	重组后移动业务牌照的发放将影响其竞争环境； 中国电信、新网通的小灵通的发展严重分流中国移动的业务量和用户； 联通 CDMA 的推出将从高端市场向其挑战； 3G 的发展前景将影响其发展战略

（二）消费者分析

从消费者的年龄角度加以探究，使用手机的消费群体可以划分为如下三大类：

中年一代：年龄约在 35～55 岁之间。这些消费者收入稳定，购买力强。他们的生活方式、价值观念趋于模式化，不太愿意接受改变和时尚的事物。这类消费者使用手机的目的大多是工作和联络方便的需要，短信使用很少，对于名目繁多花样百出的各种新业务并不热心，更无从谈及购买使用。

新生代：年龄约在 23～35 岁之间。新生代的成分很复杂，包含了各个阶层、性格迥异的人。他们正处在一个充满变化的人生阶段，比青少年更显示独立、更关心社会问题。但又比中年人更愤世嫉俗、更个性张扬，追求自我。新生代对产品的品牌要求较高，识别能力也较强，乐于尝试新鲜产品，但对于没有吸引力的广告宣传嗤之以鼻。同时他们也是使用手机短信聊天、上网下载等业务最多的人群，对于时尚流行推崇备至。

青年一代：年龄约在 15～23 岁之间。随着经济的发展和家庭条件的改善，青年人的消费能力已丝毫不逊色于成年人。他们容易受外界尤其是流行文化的影响，紧跟潮流，从众、模仿心理强，对产品本身缺乏了解而并无太多判断力。同时，经济上未独立的限制使得购买决策受家庭条件左右。

综上分析，动感地带目标群洞察：

15～25 岁的年轻人（主要是大学高年级或刚毕业的学生，其次是中等学历和较早进入社会的年轻人及家庭条件好的中学生），崇拜新科技，追求时尚，对新鲜事物感兴趣。他们凡事重感觉，崇尚个性，思维活跃；喜欢娱乐休闲社交，移动性高；有强烈的品牌意识；是容易互相影响的消费群体。

二、"动感地带"营销战略与广告计划

（一）"动感地带"定位分析

但年轻人目前可支配收入有限，能够分配给移动通信的消费也必有限。

年轻人追赶时尚潮流，兴趣广泛，必须把有限的消费支出拆分为多种分配：书籍杂志、网络游戏、Nike运动鞋、英语学习班、日本漫画书、麦当劳汉堡、百事可乐……一个都不能少。如果将动感地带仅限制在运营商的竞争圈中，它必将被限制。如果将竞争的范畴锁定在年轻人的"钱包"，路更广阔。

所以，动感地带将品牌定位在"年轻时尚品牌"的行列。

我们希望未来的动感地带用户可以每个月少喝一瓶可乐、少吃一个蛋筒、少泡一夜网吧……，通过移动通信，多和父母朋友沟通一些，尝试更多的移动娱乐、资讯，聊出更多新朋友，享受更多的外出游走的新乐趣……现实中，移动通信正在努力从语音时代向数字时代跨越，日新月异的新产品所提供的服务正是如此。

于是"年轻人的通讯自治区"概念新鲜出炉。

（二）市场挑战和目标

"动感地带"（M-ZONE）是中国移动第一个为年轻市场量身定做的移动通信品牌。

——通过建立针对年轻市场的通信品牌，摆脱"价格战"，在细分的市场中保持中国移动的领导地位，培养年轻用户成为移动未来的忠诚客户，为中国移动赢得"未来市场"。

——让M-ZONE成为针对年轻族群的通信品牌领导者。

——让M-ZONE不仅成为一个年轻通信品牌，还成为一个时尚品牌，成为一个"只属于年轻人的通信与流行文化空间"。

（三）动感地带的品牌调性系统解剖

——以品牌内涵为轴的横向解剖

* 品牌属性

品牌属性包括品牌名称、LOGO等视觉化的标志。动感地带的品牌名称是"M-ZONE"，LOGO是动感地带和M-ZONE的合成体，主色是充满年轻朝气和活力的橙色。

* 品牌个性

品牌个性好比一个人的言行举止。动感地带的品牌个性定位是：时尚、好玩、探索，补充

描述是：创新、个性、归属感。

　　* 品牌文化

　　品牌文化可比作为一个人的内在气质。动感地带的文化定位是年轻人的通信自治区，社区文化倡导流行、前卫、另类、新潮。

　　* 品牌利益/价值

　　"生活因你而精彩"，动感地带用一句话将品牌利益/价值和盘托出。但要清晰地描述品牌的利益和价值点，必须借助于产品功能、品牌情感或两者的结合来进行支持。

　　动感地带产品功能支撑点："四大特权"——话费节约、业务任选、联盟优惠、手机常新。动感地带品牌情感支撑点：新新人类的族群归属感。

解释：

图一"动感地带"（M-ZONE）标志的色彩由"M-ZONE"橙色、黄色、黑色搭配而成，整体配色热烈、清新、干净，象征新一代无线通信服务的新奇魅力。正中的大写的"M-ZONE"字样，以年轻人喜闻乐见的涂鸦方式喷绘而成，年轻而有活力。与之配合的中文"动感地带"是黑边勾阴影的专有设计字体，使动感地带以最鲜明的方式显现，凸显了"时尚、好玩和探索"的品牌特性。同时，围绕"M-ZONE"的是随意自由的椭圆形线条，代表"区域、地盘"的概念。这个不封闭的图形，带来打破规则的创新精神，更加强调了"M-ZONE"寻找"新奇"沟通乐趣的核心理念。

图一

（四）品牌塑造中信息传递围绕的物质利益和文化利益

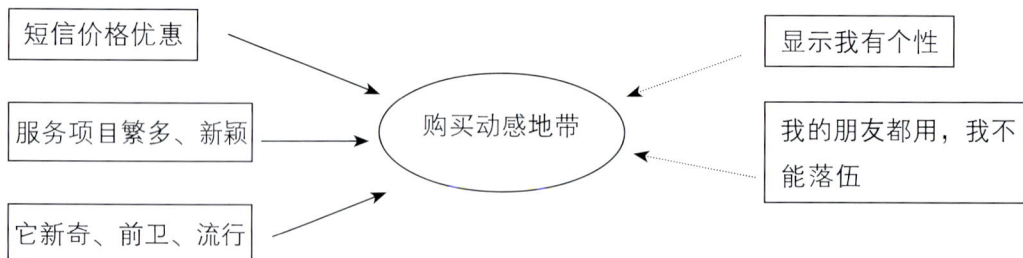

短信价格优惠　→　购买动感地带　←　显示我有个性

服务项目繁多、新颖　→　　←　我的朋友都用，我不能落伍

它新奇、前卫、流行　→

→　动机与行为之间为被意识到和公开承认的联系

┄→　动机与行为之间为被意识到和不愿公开承认的联系

三、"动感地带"广告计划案实施流程

以下分阶段设定传播主题：

（一）第一阶段是2003年3月15日到4月15日——品牌打响知名度阶段

第一阶段是2003年3月15日到4月15日，与消费者沟通品牌的基础要素为名称、LOGO、口号、广告格式等，并根据年轻人的言语特征发展了使他们有所共鸣的语音语调，并相应地创造出了系列广告，包括5则电视广告、4个平面广告、一版广播及相应的渠道制作物。沟通的重点在于讲解涂鸦效果的LOGO内涵——"我的地盘，听我的"的品牌主张和"超值短信、铃声图片下载及移动QQ"三项主要业务。推广主题："动感地带全面上市"。强调让你"进入年轻人通讯自治区"，这阶段是品牌名称和粗线条的概念告知阶段，产品和业务的推介是其次。

1．TVC部分

《喷画篇》——推出M-ZONE新logo，宣告上市。

《拆墙篇》——M-ZONE主题广告，突出"我的地盘"。

《办公室篇》——只属于年轻人的铃声。

《明星篇》——短信数量多到超乎想象。

《企鹅篇》——移动QQ到哪里都能发。

2．广播部分：推出M-ZONE。

网络部分：通过门户网站和微型网站，沟通动感地带的标识和概念含义。

3．平面部分

《自治区路牌篇》（主题）——

标题：欢迎进入年轻人的通讯自治区。

将M-ZONE比作"年轻人的通讯自治区"，上市就好像亮出了通行路牌。

《薯条篇》（短信套餐）——

标题：超值短信，多少条都吃得消。

借"条"的谐音和"吃得消"的类比，体现短信量的超乎想象。

《校园铃声篇》（个性铃声图片下载）——

标题：铃声图片下载，只要我喜欢。

校园的下课铃，就是学生特有的铃声；同时，将品牌主张中"听我的"态度，自然而然地引了出来。

《企鹅篇》（移动QQ）——

标题：移动QQ，走着玩。

使用企鹅对QQ的象征意义，将M-ZONE比成移动QQ的启动者，直接传达产品特征。

（二）第二阶段是2003年4月15日到9月15日——品牌告知增强阶段

推出酝酿已久的品牌代言人周杰伦，利用他超人气的魅力，引发M-ZONE的新一轮流行。让他充当实践品牌主张的带头人，让受众更多了解"时尚、好玩、探索、新奇"的品牌内涵。传播的沟通重点仍然在品牌主张和三项主要业务上。系列广告包括：3则电视广告、4个平面及渠道系列制作物。配合代言人的推出，大型新闻发布会及落地活动相继展开。

在此阶段，一些基于"年轻人通讯自治区"的新业务，如12586、12590、百宝箱等也陆续推出；活动方面，全国大学生街舞大赛拉开帷幕。推广主题：玩转年轻人通信自治区。主要是由周杰伦示范动感地带业务的种种利益点，深度细致的产品推介是其次。

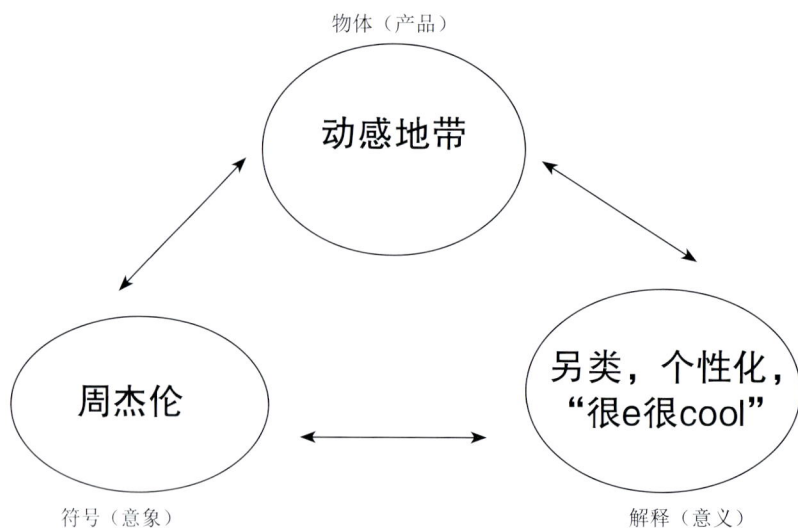

物体（产品）

动感地带

周杰伦

另类，个性化，"很e很cool"

符号（意象）   解释（意义）

1．TVC部分

《诊所篇》——推广业务：超值短信套餐。

《咖啡馆篇》——推广业务：个性铃声图片下载。

《演唱会篇》——推广业务：移动QQ。

2．平面部分

《自治区篇》——

标题：玩转年轻人的通讯自治区。

用年轻人的语言"玩转"，通过代言人周杰伦的宣告更增加了目标消费者对M-ZONE是属于"年轻人通讯自治区"的认同感。

《超值短信篇》——

标题：超值短信，一发不能罢手。

创意概念和周杰伦的造型同时也是电视广告《诊所篇》的延伸。内文的开头与其他3个特色业务广告一样，以周杰伦的歌词开头，加强品牌与代言人之间的关系，取得目标消费者更大的共鸣。

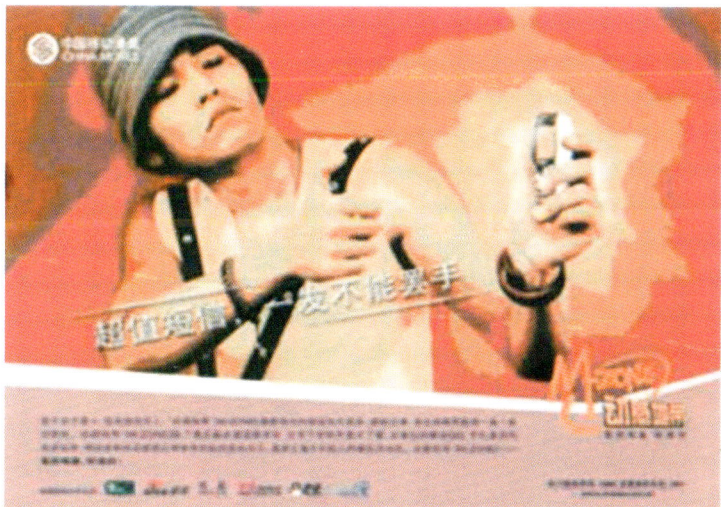

《移动QQ篇》——

标题：移动QQ，走到哪里都能Q。

以周杰伦巡回演唱会为线索，带出移动QQ与Jay的联系，周杰伦的造型同时也是电视广告《演唱会篇》的延伸。

《铃声图片下载篇》——

标题：铃声图片下载，多到想不到。

周杰伦以指挥家的造型出现，带出多种不同风格的铃声可以下载。

也做了一些制作物，比如贴纸、CD等等。

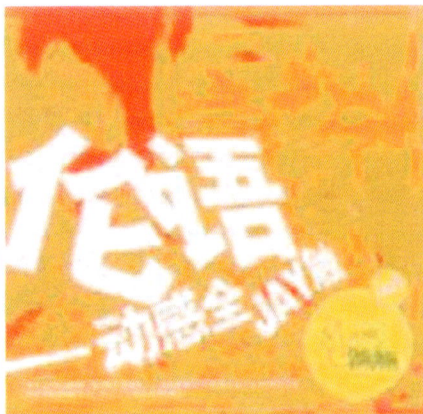

3．促销活动

街舞大赛是动感地带上市以来主要的地面活动。对于所定义的年轻人群，街舞主题对他们有足够的吸引力，街舞的时尚和探索精神与品牌契合，街舞活动也帮助动感地带同时深入到校园。

（三）第三阶段是2003年9月15日到2004年7月——拥有"特权"

1．2003年10—12月——"特权"建立阶段

这一阶段里，利用品牌代言人深化M-ZONE赋予用户特权身份的宣传。沟通的重点是强调"M-ZONE特权"的建立。去深入解释，动感地带对于年轻人到底意味着什么。从一个SIM卡、一个动感地带门号，就可以带来一系列特权！而且，这就是动感地带人的生活。

在这一阶段，使用了2则TVC广告、5则平面广告进行沟通。

TVC部分：周杰伦动感地带广告——人篇

周杰伦动感地带广告——飞贼篇

平面广告部分：还是以周杰伦带动业务，强调特权的建立。

2．2004年1—7月——"特权"深度推介

这一阶段是业务深度推介阶段和品牌文化纵深传播阶段，目的是让目标对象产生一种品牌的自我认同和身份识别，明显地感觉到"哦，原来我就是M–ZONE人"。还有这一时期的"寻找M–ZONE"一系列以普通人为主角的广告就是以这个为目的来设计的。

3．促销活动

这一时期动感地带还有两大活动，进一步扩大了品牌影响，吸引了更多的用户。

一是动感地带的圈地运动：

动感地带经常会向自己人发送类似的信息——所有的M–ZONE人注意我们正在寻找北京第90万个M–ZONE人，快告诉知己好友，让他/她入网，也许他就是我们要找的幸运者。第90万个M–ZONE人将获得动感地带定制的手机，并享有一年与北京M–ZONE人免费通话的特权

另外麦当劳和动感地带走在了一起。经由协同营销，麦当劳借助动感地带个性中的放任不羁、我行我素，形象不再"老少皆宜"，很好地辅助了"我就喜欢"的尖锐年轻形象建立；动感地带增加了国际感，拓展了传播渠道，并补充了M-ZONE人的务实特权。共同的产品开发了出来：年轻人自己的套餐。以移动的方式选择麦当劳产品自由组合成套餐，不再被既有固定的套餐所限制，动感地带人享受优惠、优先权。

在这一部分使用了1则TVC广告、3个平面广告、1个广播广告进行沟通。

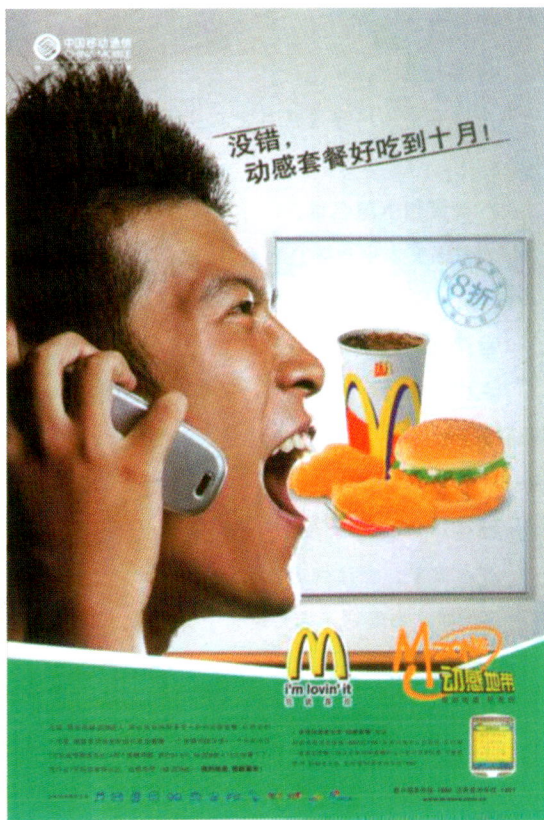

总结：动感地带2003年传播效果

动感地带，2003年3月全国上市。半年时间，在目标用户（15~25岁，城市人口）中的知名度攀升至71%，学生中的知名度更高，达到83%；美誉度73%；2003年底，用户数量过千万；ARPU（用户月平均消费）超过企业传统预付费品牌近10元；数据业务消费比例约30%，超出市场总体平均水平2倍……

媒介称M-ZONE是一场"新文化运动"；"M-ZONE的诞生意味着一种新的通信文化的出现"；"M-ZONE不仅仅是一种新的服务或者运用，它还创造了一种独特的生活方式"。

这个品牌代表着"时尚、好玩、新奇和探索"，它改变了我们对通信的看法。

任务三 实训

一、广告策划书模版

根据广告策划书的内容要点，参照营销计划书的一般模式和众多广告策划者在实践中总结出来的广告策划书的格式，我们提供以下的广告策划书内容与结构的一般模式。

封面：

一份完整的广告策划书文本应该包括一个版面精美、要素齐备的封面，以给阅读者以良好的第一印象。

广告策划小组名单：

在策划文本中提供广告策划小组名单，可以向广告主显示广告策划运作的正规化程度，也可以表示一种对策划结果负责的态度。

目录：

在广告策划书目录中，应该列举广告策划书各个部分的标题，必要时还应该将各个部分的联系以简明的图表体现出来，一方面可以使策划文本显得正式、规范，另一方面也可以使阅读者能够根据目录方便地找到想要阅读的内容。

前言：

在前言中，应该概述广告策划的目的、进行过程、使用的主要方法、策划书的主要内容，以使广告客户可以对广告策划书有大致的了解。

正文：

第一部分　市场分析

这部分应该包括广告策划的过程中所进行的市场分析的全部结果，以为后续的广告策略部分提供有说服力的依据。

一、营销环境分析

1. 企业市场营销环境中宏观的制约因素

(1)企业目标市场所处区域的宏观经济形势

· 总体的经济形势

· 总体的消费态势

· 产业的发展政策

（2）市场的政治、法律背景

· 是否有有利或者不利的政治因素可能影响产品的市场？

· 是否有有利或者不利的法律因素可能影响产品的销售和广告？

（3）市场的文化背景

· 企业的产品与目标市场的文化背景有无冲突之处？

· 这一市场的消费者是否会因为产品不符合其文化而拒绝产品？

· 市场营销环境中的微观制约因素

· 企业的供应商与企业的关系

· 产品的营销中间商与企业的关系

2．市场概况

（1）市场的规模

· 整个市场的销售额

· 市场可能容纳的最大销售额

· 消费者总量

· 消费者总的购买量

· 以上几个要素在过去一个时期中的变化

· 未来市场规模的趋势

（2）市场的构成

· 构成这一市场的主要产品的品牌

· 各品牌所占据的市场份额

· 市场上居于主要地位的品牌

· 与本品牌构成竞争的品牌是什么？

· 未来市场构成的变化趋势如何？

（3）市场构成的特性

· 市场有无季节性？

· 有无暂时性？

· 有无其他突出的特点？

3．营销环境分析总结

（1）机会与威胁

（2）优势与劣势

（3）重点问题

二、消费者分析

1．消费者的总体消费态势

· 现有的消费时尚

·各种消费者消费本类产品的特性

2．现有消费者分析

(1)现有消费群体的构成

·现有消费者的总量

·现有消费者的年龄

·现有消费者的职业

·现有消费者的收入

·现有消费者的受教育程度

·现有消费者的分布

(2)现有消费者的消费行为

·购买的动机

·购买的时间

·购买的频率

·购买的数量

·购买的地点

(3)现有消费者的态度

·对产品的喜爱程度

·对本品牌的偏好程度

·对本品牌的认知程度

·对本品牌的指名购买程度

·使用后的满足程度

·未满足的需求

3．潜在消费者

(1)潜在消费者的特性

·总量

·年龄

·职业

·收入

·受教育程度

(2)潜在消费者现在的购买行为

·现在购买哪些品牌的产品?

·对这些产品的态度如何?

·有无新的购买计划?

·有无可能改变计划购买的品牌?

(3)潜在消费者被本品牌吸引的可能性

·潜在消费者对本品牌的态度如何?

·潜在消费者需求的满足程度如何?

4．消费者分析的总结

（1）现有消费者

·机会与威胁

·优势与劣势

·重要问题

（2）潜在消费者

·机会与威胁

·优势与劣势

·主要问题点

（3）目标消费者

·目标消费群体的特性

·目标消费群体的共同需求

·如何满足他们的需求?

三、产品分析

1．产品特征分析

（1）产品的性能

·产品的性能有哪些?

·产品最突出的性能是什么?

·产品最适合消费者需求的性能是什么?

·产品的哪些性能还不能满足消费者的需求?

（2）产品的质量

·产品是否属于高质量的产品?

·消费者对产品质量的满意程度如何?

·产品的质量能继续保持吗?

·产品的质量有无继续提高的可能?

（3）产品的价格

·产品价格在同类产品中居于什么档次?

·产品的价格与产品质量的配合程度如何?

·消费者对产品价格的认识如何?

（4）产品的材质

·产品的主要原料是什么?

·产品在材质上有无特别之处?

· 消费者对产品材质的认识如何?

（5）生产工艺

· 产品通过什么样的工艺生产?

· 在生产工艺上有无特别之处?

· 消费者是否喜欢通过这种工艺生产的产品?

（6）产品的外观与包装

· 产品的外观和包装是否与产品的质量、价格和形象相称?

· 产品在外观和包装上有没有缺欠?

· 外观和包装在货架上的同类产品中是否醒目?

· 外观和包装对消费者是否具有吸引力?

· 消费者对产品外观和包装的评价如何?

（7）与同类产品的比较

· 在性能上有何优势? 有何不足?

· 在质量上有何优势? 有何不足?

· 在价格上有何优势? 有何不足?

· 在材质上有何优势? 有何不足?

· 在工艺上有何优势? 有何不足?

· 在消费者的认知和购买上有何优势? 有何不足?

2. 产品生命周期分析

（1）产品生命周期的主要标志

（2）产品处于什么样的生命周期

（3）企业对产品生命周期的认知

3. 产品的品牌形象分析

（1）企业赋予产品的形象

· 企业对产品形象有无考虑?

· 企业为产品设计的形象如何?

· 企业为产品设计的形象有无不合理之处?

· 企业是否将产品形象向消费者传达?

（2）消费者对产品形象的认知

· 消费者认为产品形象如何?

· 消费者认知的形象与企业设定的形象符合吗?

· 消费者对产品形象的预期如何?

· 产品形象在消费者认知方面有无问题?

4. 产品定位分析

（1）产品的预期定位

·企业对产品定位有无设想？

·企业对产品定位的设想如何？

·企业对产品的定位有无不合理之处？

·企业是否将产品定位向消费者传达？

（2）消费者对产品定位的认知

·消费者认为的产品定位如何？

·消费者认知的定位与企业设定的定位符合吗？

·消费者对产品定位的预期如何？

·产品定位在消费者认知方面有无问题？

（3）产品定位的效果

·产品的定位是否达到了预期的效果？

·产品定位在营销中是否有困难？

5. 产品分析的总结

（1）产品特性

·机会与威胁

·优势与劣势

·主要问题点

（2）产品的生命周期

·机会与威胁

·优势与劣势

·主要问题点

（3）产品的形象

·机会与威胁

·优势与劣势

·主要问题点

（4）产品定位

·机会与威胁

·优势与劣势

·主要问题点

四、企业和竞争对手的竞争状况分析

1. 企业在竞争中的地位

·市场占有率

·消费者认识

·企业自身的资源和目标

2．企业的竞争对手

·主要的竞争对手是谁？

·竞争对手的基本情况

·竞争对手的优势与劣势

·竞争对手的策略

3．企业与竞争对手的比较

·机会与威胁

·优势与劣势

·主要问题点

五、企业与竞争对手的广告分析

1．企业和竞争对手以往的广告活动的概况

·开展的时间

·开展的目的

·投入的费用

·主要内容

2．企业和竞争对手以往广告的目标市场策略

·广告活动针对什么样的目标市场进行？

·目标市场的特性如何？

·有何合理之处？

·有何不合理之处？

3．企业和竞争对手的产品定位策略

4．企业和竞争对手以往的广告诉求策略

·诉求对象是谁

·诉求重点如何

5．企业和竞争对手以往的广告表现策略

·广告主题如何，有何合理之处？有何不合理之处？

·广告创意如何，有何优势？有何不足？

6．企业和竞争对手以往的广告媒介策略

·媒介组合如何，有何合理之处？有何不合理之处？

·广告发布的频率如何，有何优势？有何不足？

7．广告效果

·广告在消费者认知方面有何效果？

·广告在改变消费者态度方面有何效果？

·广告在消费者行为方面有何效果？

・广告在直接促销方面有何效果?

・广告在其他方面有何效果?

・广告投入的效益如何?

8．总结

・竞争对手在广告方面的优势

・企业自身在广告方面的优势

・企业以往广告中应该继续保持的内容

・企业以往广告突出的劣势

第二部分　广告策略

一、广告的目标

1．企业提出的目标

2．根据市场情况可以达到的目标

3．对广告目标的表述

二、目标市场策略

1．企业原来市场观点的分析与评价

（1）企业原来所面对的市场

・市场的特性

・市场的规模

（2）企业原有市场观点的评价

・机会与威胁

・优势与劣势

・主要问题点

・重新进行目标市场策略决策的必要性

2．市场细分

（1）市场细分的标准

（2）各个细分市场的特性

（3）各个细分市场的评估

（4）对企业最有价值的细分市场

3．企业的目标市场策略

（1）目标市场选择的依据

（2）目标市场选择的策略

三、产品定位策略

1．对企业以往的定位策略的分析与评价

（1）企业以往的产品定位

（2）定位的效果

（3）对以往定位的评价

2．产品定位策略

（1）进行新的产品定位的必要性

·从消费者需求的角度

·从产品竞争的角度

·从营销效果的角度

（2）对产品定位的表述

（3）新的定位的依据与优势

四、广告诉求策略

1．广告的诉求对象

（1）诉求对象的表述

（2）诉求对象的特性与需求

2．广告的诉求重点

（1）对诉求对象需求的分析

（2）对所有广告信息的分析

（3）广告诉求重点的表述

3．诉求方法策略

（1）诉求方法的表述

（2）诉求方法的依据

五、广告表现策略

1．广告主题策略

（1）对广告主题的表述

（2）广告主题的依据

2．广告创意策略

（1）广告创意的核心内容

（2）广告创意的说明

3．广告表现的其他内容

（1）广告表现的风格

（2）各种媒介的广告表现

（3）广告表现的材质

六、广告媒介策略

1．对媒介策略的总体表述

2．媒介的地域

3．媒介的类型

4．媒介的选择

·媒介选择的依据

·选择的主要媒介

·选用的媒介简介

5．媒介组合策略

6．广告发布时机策略

7．广告发布频率策略

第三部分　广告计划

一、广告目标

二、广告时间

·在各目标市场的开始时间

·广告活动的结束时间

·广告活动的持续时间

三、广告的目标市场

四、广告的诉求对攻

五、广告的诉求重点

六、广告表现

1．广告的主题

2．广告的创意

3．各媒介的广告表现

·平面设计

·文案

·电视广告分镜头脚本

4．各媒介广告的规格

5．各媒介广告的制作要求

七、广告发布计划

1．广告发布的媒介

2．各媒介的广告规格

3．广告媒介发布排期表

八、其他活动计划

1．促销活动计划

2．公共关系活动计划

3．其他活动计划

九、广告费用预算

1．广告的策划创意费用

2．广告设计费用

3．广告制作费用

4．广告媒介费用

5．其他活动所需要的费用

6．机动费用

7．费用总额

第四部分　广告活动的效果预测和监控

一、广告效果的预测

1．广告主题测试

2．广告创意测试

3．广告文案测试

4．广告作品测试

二、广告效果的监控

1．广告媒介发布的监控

2．广告效果的测定

附录：

在策划文本的附录中，应该包括为广告策划而进行的市场调查的应用性文本和其他需要提供给广告主的资料。

1．市场调查问卷

2．市场调查访谈提纲

3．市场调查报告

二、综合训练

1．跟踪一个产品或一个品牌策划案，整理整个策划案流程，加深对策划书的理解。

2．根据近一届全国大学生广告艺术大赛、中国大学生广告艺术节学院奖中选题，在本门课程结束时完成广告策划书一份。

附一　全国大学生广告艺术大赛简介

全国大学生广告艺术大赛（大广赛）——中国最大的高校传播平台，是由教育部高等教育司主办、教育部高等学校新闻学学科教学指导委员会组织、中国传媒大学与中国高等教育学会广告教育专业委员会共同承办的唯一一个全国性高校文科大赛。

赛事每两年举办一次，2005年第一届全国大学生广告艺术大赛、2007年第二届全国大学生广告艺术大赛、2009年第三届全国大学生广告艺术大赛、2011年第四届全国大学生广告艺术大赛、2012年全国大学生广告艺术大赛"2014南京青奥会专题设计竞赛"、2013年第五届全国大学生广告艺术大赛。自第五届大广赛之后，全国大学生广告艺术大赛由之前的两年一届，正式改为一年举办一届。

大广赛将专业教育、素质教育和职业教育贯通，首次空前扩大了广告教育的辐射力和影响力，拓展了广告教育的内涵。大广赛旨在提高大学生的创新精神和实践能力，激发大学生的创意灵感，促进大学新闻传播、广告、设计、艺术教育的人才培养模式的改革，同时对于课程设置、教学内容和方法的出新起到了推动作用，极大地提高了大学生的动手能力、实践能力、策划能力和综合能力。

参赛作品共分为平面类、影视类、广播类、网络类、广告策划案类、公益类六大类。赛事的所有选题均面向社会征集，将企业营销的真实课题引入比赛，广告实践有了更广阔的舞台。

适合参赛对象：中国所有大学在校学生。

历届口号：

第一届（2005）：创意我独有

第二届（2007）：创意我飞扬

第三届（2009）：创意我更牛

第四届（2011）：创意我绽放

专题设计竞赛（2012）：分享青春　共筑未来

第五届（2013）：创意我突破

第六届（2014）：创意我成长

全国大学生广告艺术大赛网址：http://www.sun-ada.net

附二　中国大学生广告艺术节学院奖介绍

权威活动品牌：

中国大学生广告艺术节是目前国内唯一由国家工商总局批准、中国广告协会主办的大学生广告艺术大型活动，内容涵盖学术研讨、创意大赛、娱乐评选以及人才交流等方面，充分利用各方社会资源，搭建高端选拔平台，注入新鲜娱乐元素，在同类活动中独占鳌头。

历经九届沿革：

"学院奖"全称"中国大学生广告艺术节学院奖"，中国广告协会主办。

该奖项是中国大学生广告艺术节中的核心项目，主要内容是：动员全国高校中有广告及相关专业的学生，为中国著名企业做命题创意竞赛活动。该奖项已历经九届，在全国各高等院校中深入人心，且其影响已经从高校延伸至广告行业，成为行业遴选人才、企业获取杰出创意的重要途径。

"学院奖"1999年由厦门大学创办、中国广告协会主办，创办之初即引发了行业的普遍关注和大学生的创作热情。1999、2001两年分别举行第一、二届，均由厦门大学承办，学院奖取得了巨大成功的同时也奠定了该奖项在业界的地位。

2003年，中国广告协会将该项竞赛交由南京财经大学承办，同时增加电视辩论赛、广告教育论坛、广告人才交流洽谈会三项内容。

2004年，第四届学院奖由江苏广播电视总台承办，又增加影视广告、网络广告、广播广告、形象代言人四个项目。

2005年，第五届学院奖由中国传媒大学和校园先锋公司合作承办，减去广播广告、形象代言人两项。

2007年，第六届中国大学生广告艺术节学院奖由《广告人》杂志社承办，比赛均历时8个月，创意作品总数超20000余件，成为全国范围内规模最大的大学生广告艺术盛会。

2008年，第七届中国大学生广告艺术节学院奖在安徽启动，于2009年5月结束。其间组委会在全国13个城市进行了大范围的推广巡讲活动，掀起了全国学校的广告创意浪潮，活动品牌深入人心，再次拉升了学生创意作品的质量与数量，创造出中国大学生广告艺术节学院奖大赛的新尚潮。

2009年至今，由《广告人》杂志承办的中国大学生广告艺术节学院奖活动已经成为全国高校几十万相关专业学生最为关注的年度活动，中国国际广告节现场的盛大启幕、全国18省市浩浩荡荡的巡回演讲、超过五万件的作品数量以及高规格的颁奖盛典，将活动的影响力、传播力、美誉度上升至新的高点。"学院奖"已经成为众多高校师生认可度极高的品牌奖项；而通过与蒙牛、恒安集团、碧生源、修正等众多知名企业及媒体的合作，也使得这一奖项成为业界公认的最具校园传播力和品牌美誉度提升的创意风暴。

缔造四项之最：

奖金最多：全场大奖5万元

"学院奖"从诞生之日起就得到了来自专业协会和社会各界的鼎力支持，每年用于鼓励获奖学生的奖金达到了同类型评比的最高水平，特别是对一些贫困优秀大学生的资助更是换来了良好的社会反响。高达5万元的全场大奖，成为众多高校艺术类评选中奖金金额最高的奖项。

规格最高：行业明星高度聚合

"学院奖"不但集结了众多著名高校广告专业学生的优秀作品，在评委邀请、环节设置和活动内容上都做到了高水平、高规格，所邀嘉宾均为行业内知名学者和具有多年实战经验的行业领军人，众多广告大师级人物的加盟给"学院奖"真正搭建了从学习到实战的高端平台。

规模最大：高校学子倾力参与

数百所高校、近两万件作品、历时近半年的征稿评选使得"学院奖"在高校和社会中均形成了强大的规模效应，经过多年的人气积淀，目前"学院奖"已经成为营销、传播、设计、新闻、广告类专业学生心目中最为重要的专业奖项，而其在高校学生中衍生的巨大影响力和号召力，赋予了该奖项巨大的社会价值。

实效最强：紧密联系实务需求

"学院奖"所有命题均取自市场实战的一手资料，命题行业涵盖众多，命题方式灵活多样，获奖作品实施率高，区别于传统奖项命题单一、纯粹理论式的研讨。经过多年的人气积淀，"学院奖"已经成为一项紧密联系实务界的教育活动，不但在大学生当中具有极大的影响力和号召力，也成为众多大型广告公司和知名品牌企业遴选人才的重要依据。

中国大学生广告艺术学院奖网址：http://www.xueyuanjiang.cn

项目二　语言语音类广告创意及表达

教学目标：

1. 知识目标：认知语言语音类广告的特点。

2. 能力目标：能够有效地运用文字语言表达广告创意。

教学重点：

1. 准确把握语言语音类广告的特点。

2. 在各种媒体上有效运用文字语言表达广告创意。

教学方法：

首先，以学生自学为主，教师指导为辅。学生开展资料调研和讨论，完成语言语音类广告创意及表达知识准备；其次，案例教学。在生动的案例中，学生领会语言语音类广告创意及表达；最后创意思维训练。

课时安排：

12课时。

任务一　语言语音类广告创意及表达知识准备

文字类（包括语音类）广告就广告创作方面最终落实到文字表达，所以本任务探讨广告的文字表达。文字广告是以文字形式向公众介绍商品、宣传服务、告知文体活动等的一种传播方式。文字广告可以是单独的，也可以是与图像图画类、视频影视类广告并用的。

文字广告能够给人以形象和联想。

一、文字广告的基本格式

大众媒体时代，报纸是第一个出现广告的，所以纯文案时代的广告文案基本结构与新闻有点相似，它包括标题、正文、口号、随文等。

（一）广告标题

1．概念

广告标题是整个广告文案乃至整个广告作品的总题目。广告标题为整个广告提纲挈领，将广告中最重要的、最吸引人的信息进行富于创意性的表现，以吸引受众对广告的注意力；它昭示广告中信息的类型和最佳利益点，使他们继续关注正文。人们在进行无目的的阅读和收看时，对标题的关注率相当高，有句话"看报看题"，特别是在报纸、杂志等选择性、主动性强的媒介上，广告大师大卫·奥格威曾说过："平均来说，读广告标题的人数是阅读广告正文人数的五倍，因此可以说，标题一经写成，就等于花去1美元广告费中的80美分如果你的标题起不到推销作用，那就等于浪费了80％的广告费。"一测验报告也表明，80％的读者都要先浏览广告标题再看广告正文中的信息。即使今天视觉经济时代，互联网的文本链接广告，更是体现了标题的重要性；没有吸引目标消费者的标题，消费者甚至会缺乏点击进去的冲动。由此可以看出，如果提炼不准确、点睛不到位、切题不恰当，弄得文不对题、不知所云，整篇广告就会受到损害。

2．标题的结构类型

（1）直接标题

直接标题是以简明的语言直接表明广告内容，使人们一看便知要推销什么，会给消费者带来什么利益。

如联通130周年庆广告标题：6月6日，130邀请你分享生日的喜悦。标题直接点出主题，一目了然。

联通130周年庆出了一组标题，还有：

别让属于你地130飞了

130入网费低得让你心动

用130没完没了说情话

130，从不给我们出难题

130，轻松入网任我行

都简洁明了，消费者能直接理解。

（2）间接标题

这种标题中不直接出现所要推销的商品的内容，往往连产品的名称都不告诉消费者，而是利用艺术手法暗示或诱导消费者，引起消费者的兴趣与好奇心理，从而进一步注意广告正文。

如联通130周年庆出了一组标题中还有：

一年来我们的努力全为这一刻

沟通需要技巧，更需要技术

带有一定的悬念、暗示，吸引目标消费者往下看。

（3）复合标题

这种标题是将直接标题与间接标题复合起来。一则复合标题常由两个或两个标题组成，除了有一个主标题外，还有一个或两个副标题，位于主标题的上下左右。主标题往往以艺术的手法表明一个引人入胜的思想，副标题则是说明产品的名称、型号、性能等。目的在于进一步补充和扩展主标题的含义。因而，复合标题会失去一点引人好奇的价值，但却能使消费者立即明白引起他们好奇的是什么产品。

复合标题三种表现结构：

A．引题十正题十副题

用了油烟机，厨房还有油烟；用了油烟机；拆卸清洗困难怎么办？

科宝排烟柜，将油烟控制在柜内，一抽而净。科宝油烟机带集油盆，确保3年免清洗。

免费送货安装(南三环至北四环)，3年保修，终身维修。

上例引题交代广告信息背景或意义，提出一般油烟机抽不净油烟且清洗困难的问题，由此引出正标题，科宝排烟柜可将油烟"一抽而净"，能"确保三年免清洗"。这就回答了引题中提出的问题。副标题是对主标题内容的补充，作某些附加说明。

B．引题十正题

拥有"王祥"，全家吉祥

上海沪祥童车厂　北京市京雷百货贸易公司联合举办"王祥"童车展销

上例即由引题和正题构成，引题点明拥有"王祥"童车的意义，正题传递"王祥"童车展销信息。

C．正题十副题

小到一颗螺丝钉

——四通的服务无微不至

这是四通文字处理机的广告标题，文字的第一行是主题，采用间接标题，运用了"比"的修辞手段，是虚写；文字的第二行是副标题，采用直接标题，道出了广告所宣传的产品，是实写。以小小的螺丝钉做文章，让消费者联想到四通的产品质量过硬，服务周到，小到一颗螺丝都毫不马虎，关键部位就更不用说。通过间接标题的诱导、直接标题的点明，消费者从形象思维过渡到产品本身，由此加深了对产品的印象。

复合标题能将直接和间接两种标题糅在一起，各取所长，既富有情趣性，又具有清楚明白的效果。这类广告标题常于前两种标题不易表达广告内容时用。

（二）广告正文

1．概念

广告正文是指广告文案中处于主体地位的语言文字部分。其主要功能是，展开解释或说明广告主题，将在广告标题中引出的广告信息进行较详细的介绍，对目标消费者展开细部诉求。广告正文的写作可以使受众了解到各种希望了解的信息，受众在广告正文的阅读中建立了对产品的了解和兴趣、信任，并产生购买欲望，促进购买行为的产生。

2．广告正文的结构

【案例一】

广告标题：这些代表我们检查一辆金龟车的次数

广告正文：

（开头）这些是我们生产的小车在工厂获得"OK"（检验通过)的一部分(OK和NO是很容易区别的，你很容易看出一个代表NO的符号)，我们雇用5857人，就为了让他们说"NO"，"NO"就是不通过。

（中间段）一位来自巴西的参观者问：我们将如何处理有凹陷的车顶，凹陷是很容易敲平的。而我们的做法着实使他震惊，我们拆下那车体，把它丢到废料场去。一辆金龟车经常因为一些连你都不会注意的小问题，而被我们从生产线上剔除：车厢内镶板是否密合？车门边柱是否修饰完成?在最终检查后，金龟车必须通过342项检验而没有一点不符。50辆车里会有一辆通不过检验。

（结尾）您实在应该瞧一瞧一辆全部检验过关的车。

前面我们说大众媒体时代，报纸是第一个出现广告的，所以纯文案时代的广告文案基本结构与新闻有点相似。广告文案最基本结构中正文这儿尤其明显，但结尾明显的要有广告的特性：激发目标消费者购买欲望。

【案例二】

广告标题：俄

广告正文：

（开头）饿的时候就食我，我是这么大碗的阿Q桶面。（中间段)很饿——很俄——的时候，你才能吃出我的实实在在，我有好多汤，好鲜……红椒牛肉，排骨鸡汁，蒜香珍肉，麻婆豆腐，香菇肉松……(结尾）越想会越俄，饿的时候就食我——实实在在的阿Q桶面。

这个案例虽然没有分段，但表达的思路还是开头在标题和正文之间起承上启下的作用，既能衔接标题，又能为后面文字的展开扼要地提出问题；中间段是广告正文中的重要部分，主要是根据广告目标和要求，阐述商品的状况、品质及其优点；结尾激发目标消费者购买欲。

（三）广告口号

1. 广告口号的概念

广告口号是一种较长时期内反复使用的特定的商业用语。它的作用就是以最简短的文字把企业或商品的特性及优点表达出来，给人浓缩的广告信息。

你的口号要表述这个品牌的价值和品牌的性格，同时口号也可以运用到所有的传播途径中。这个陈述不一定是太高深的，也不是梦想难成的，但它们一定是最适合你、最能表现你的，是可行的，是说到做到的。耐克最经典的一句："Justdo it"，这是企业作为沟通的态度，信念核心的支持点和耐克价值的体现，不仅是在广告上，销售上，他们已涉足消费的其他领域。

口号时刻提醒为什么你要喜欢这个品牌。"DeBeers"Adiamond is forever——"钻石是永恒的"（在中国经典口号：钻石恒久远，一颗永留传），这个口号极富感染性，使一颗小钻石的价值得以升华到爱情永恒。如今钻石珍贵无价，它深远的含义超越了它自身的价值。

2．广告口号的特征

信息单一明确，内涵丰富；

句式简短醒目，朴素流畅（3~12字最符合记忆规律）；

长期反复使用，印象深刻。

3．广告口号句式

单句形式：不要太潇洒（杉杉西服）

想想还是小的好（大众甲壳虫汽车）

对句形式：

对　仗：情系中国结，联通四海心

古有千里马，今有日产车

不对仗：只溶在口，不溶在手（MM巧克力）

前缀式：海尔，中国造

飘柔，就是这么自信

后缀式：好空调，格力造

一片冰心在美菱！

如果超过12个字，汉语环境下，最好对仗或为顺口溜，这样便于记忆。

例如：车到山前必有路，有路必有丰田车

牙好，胃口就好，吃嘛嘛香，身体倍儿棒——蓝天六必治

（四）广告随文

1．广告随文的概念

随文又称附文，是广告中传达购买商品或者接受服务的方法等基本信息。

随文是广告必要的附加说明，一般放在广告文案的最后部分。

2．广告随文的主要内容

品牌名称；

企业名称；

企业标志或品牌标志；

企业地址、电话、邮编、联系人、网址、E-mail等；

购买商品或获得服务的途径和方式；

权威机构证明标志；

特殊信息：奖励的品种、数量，赠送的品种、数量和方法。

例如：

东风标致的一则平面广告，随文："金秋九月，在祖国六十周年华诞即将到来之际，东风标致北京嘉瑞雅店特推出超值优惠大礼等您来。爱车由您驾，油费我来拿，即日起购买东风标致全系手动挡车型，即享'油'礼活动，现在不出手更待何时？！活动详情请接洽当地4S店。"为了与正文区别开来，它以加边框的形式与其他内容隔离了开来。

（五）广告文案的基本结构举例

【案例】

以下是大卫·奥格威（David Ogilvy）为劳斯莱斯（Rolls-Royce）汽车所写的广告文案：

标题：

这部新型的劳斯莱斯汽车在以每小时60英里的速度行驶时，最大声响来自它的电子钟。

副标题：

是什么原因使得劳斯莱斯成为世界上最好的车子？一位知名的劳斯莱斯工程师回答道："根本没什么真正的戏法——这只不过是耐心地注意到细节而已。"

正文：

1. 行车技术主编报告："在以每小时60英里的速度行驶时，最大声响来自它的电子钟。"引擎是出奇地寂静。三个消音装置把声音的频率在听觉上拔掉了。

2. 每个劳斯莱斯的引擎在安装前都先以最大气门开足7小时，而每辆车子都在各种不同的路面上试车数百英里。

3. 劳斯莱斯是为车主自己驾驶而设计的，它比国内制造的最大型车小18英寸。

4. 本车有机动方向盘、机车刹车及自动排挡，极易驾驶与停车，无需雇用司机。

5. 除驾驶速度计以外，在车身与车盘之间没有金属衔接，整个车身都是封闭绝缘的。

6. 完成的车子要在最后测验室里经过一个星期的精密调试。在这里分别要受到98种严酷的考验。例如，工程师们用听诊器来细听轮轴所发出的微弱声音。

7. 劳斯莱斯保用3年。从东岸到西岸都有经销网及零件站，在服务上不再会有任何麻烦了。

8. 著名的劳斯莱斯引擎冷却器，除了亨利·莱斯在1933年死时，把红色姓名的首写字母RR改成黑色以外，再也没有变动过。

9. 汽车车身的设计制造，在全部14层油漆完成之前，先涂5层底漆，每次都用人工磨光。

10. 使用在方向盘柱上的开关，就能够调节减震器以适应路面的情况。（驾驶不觉疲劳，是该车的显著特点。）

11. 另有后窗除霜开关，它控制着1360条隐布在玻璃中的热线网。备有两套通风系统，即使你坐在车内关闭所有的门窗，也可调节空气以求舒适。

12. 座位的垫面是用8头英国牛皮制成，这些牛皮足可制作128双软皮鞋。

13. 镶贴胡桃木的野餐桌可从仪器板下拉出。另外两个可从前座的后面旋转出来。

14. 你还可以有以下随意的选择：煮咖啡的机械、电话自动记录器、床、冷热水盥洗器、一支电动刮胡刀。

15. 你只要压一下驾驶座下的橡板，就能使整个车盘加上润滑油。在仪器板上的计量器，可指示出曲轴箱中机油的存量。

16. 汽油消耗量极低，因而不需要买特价油，这是一部令人十分愉悦的经济车。

17. 具有两种不同传统的机动刹车，水力制动器与机械制动器。劳斯莱斯是非常安全的汽车，也是十分灵活的车子。它可在时速85英里时安静地行驶。最高时速可超过100英里。

18. 劳斯莱斯的工程师们定期访问汽车的车主，替他们检修车子，并在服务时提出忠告。

19. 班特利也是劳斯莱斯公司所制造。除了引擎冷却器之外，两车完全一样，是同一个工厂中的同一群工程师所设计制造的。班特利的引擎冷却器较为简单，所以要便宜300美元。对于驾驶劳斯莱斯感觉信心不太足的人士，可以考虑买一辆班特利。

价格：如广告画面所示的车子，若在主要港口交货，售价是13,550美元。

倘若你想得到驾驶劳斯莱斯的愉快经验，请与我们的经销商联系。他的名字写在本页的底端。

劳斯莱斯公司　纽约洛克菲勒广场10号

随文（设置在方格内）：

（方格内小标题）　喷射引擎与未来

（方格内文案）

某些航空公司已为他们的"波音707"及"道格拉斯DC8"选用了"劳斯莱斯"的涡轮喷射引擎。"劳斯莱斯"的喷射螺旋桨引擎则用之于"韦克子爵机"、"爱童F—27"式机及"墨西哥湾·圭亚那"式机上。

在全世界航空公司的涡轮喷射引擎及喷射螺旋桨引擎中，有一半以上是向"劳斯莱斯"订货或由其供应的。

"劳斯莱斯"现有员工42000人，而本公司的工程经验不局限于汽车及喷射引擎。另有"劳斯莱斯"柴油发动引擎及汽油发动引擎能作许多其他用途。

本公司的庞大研究发展资源正从事对未来做许多计划工作包括核子及火箭推进等。

二、文字广告的自由表达

文无定法，广告创作的形式更是千变万化，这也符合广告本身求新求变的本质。尤其在今天视觉经济时代，文字广告配合平面、配合动态画面，更有了无限自由表达的可能。它可能配合平面，文字表达就是一个标题或标语；可能配合视频，就是一段画外音或一个品牌名称……原本的标题、正文、标语、随文基本格式，可以选取部分，任意表达；即使正文部分，也是自由形式，任何文体都可驾驭。

【例1】

（舒缓温柔类　某品牌洗衣机音乐起　压混）

男声（柔情）：谁的手最温柔？妈妈的手最温柔

×× 牌洗衣机　像妈妈的手轻柔你的衣服

（舒缓温柔类音乐起　渐弱）

　　［评析］简单的两句话，将该洗衣机的定位凸显并让受众立刻在脑海出现轻柔的具体形象，很容易吸引受众。

　　语音类广告文案的创作中最重要并且将影响到其最终传播效果的是创意这一环节，好的创意让听众更容易受到广告的感染，拨动目标消费者内心深处的那根琴弦，能将声音传递得更远。创意新奇、表现独特、诉求鲜明、亲和力强的语音类广告文案才能使受众喜闻乐听。

　　【例2】jeep指南者

你有新动静

有被排满的档期

有人支持你

停下来

别人可能一夜间就忘了你是谁

这个圈子很现实

光环只留给那些还在通告上的人

但那又怎样

我就是想给自己留点不现实

甚至

消失一段时间去做梦

去旅行

去爱

去迎接我生命中最重要的他

对

最重要的档期

不需要通告

广告语：可以城市，绝不程式

[评析] 选择合适的代言人，语言文字配合画面，对程式化生活的反思和突破，彰显jeep指南者的定位。

【例3】MCI电讯服务广告

MCI电讯服务的诗歌体广告文案：那晚不经意，／看到茶中明月的倒影，／蓦然发觉，／是中秋的明月。／千里之外，／昔日的时光，／吸饮着茶中的明月，／那一晚，我回到了家。

[评析] 诗歌体形式本身具有音韵美、形式美、语言美、意境美四大特征，因此适合表现产品的文化韵味和附加价值，可塑造产品的美好形象，形成受众基于审美意义上的消费产生。

【例4】孩子，妈妈能给你的真的不多……

12岁，我就离家读寄读中学了。那时正是春荒季节。每次返校前，妈妈总能变戏法似地弄出一小袋米来，再让我捎上一罐咸菜，这便是那时山里孩子一星期最奢侈的伙食了。送我上路时，妈妈那爱怜的眼神里总是盛满了愧疚与无奈。岁月荏苒。今天，我才读懂了妈妈的眼神，她仿佛喃喃地对我说："孩子，妈妈能给你的真的不多，但那可是我能给予的全部啊。"火柴很小，散发的光亮也很微弱。但它真的是在竭尽所能燃烧着，就像妈妈。

（背景画面：全黑底包围中，一根火柴头在黑暗中燃烧着，散发出微弱但绚丽无比的光焰。）

[评析] 通过一个动人故事的叙述，赋予企业的精神理念在其中，火柴头、妈妈的形象象征着太阳神集团，虽然散发的光亮也很微弱，但它真的是在竭尽所能燃烧着。这样的形象在平凡中闪耀着伟大的光辉，更贴近普通人的心，让人信服，极具说服力。

【例5】禁酒令

查生啤之新鲜，乃我酒民头等大事，新上市之贝克生啤，为确保酒民利益，严禁各经销商销售超过七日之贝克生啤，违者严惩，重罚十万元人民币。

[评析] 此广告文案借用了公文中"令"的写作形式和语言风格特点，将广告信息用规范的公文形式表现出来，产生了一种独特的说服力。整个广告文案句子结构简要、语言表达严正，使人感受到贝克生啤制造商对推出这一营销新举措的严肃、认真、深究的态度。同时，用如此严正的形式来表达，令受众领悟到创意者所提供的幽默玄机。会心一笑间，印象深刻。

【例6】紧急寻找小雨点

（一）紧急寻找小雨点

小雨点，身高19公分。籍贯：黑龙江。小巧玲珑，甜美纯洁，穿红色衣服，戴一顶小红帽。

小雨点出生在纯净美丽的牡丹江边。据说最近曾有人在北京发现小雨点的踪迹，小雨点的父母特从东北赶来北京，拜托北京的父老乡亲们，谁发现小雨点的下落，请立刻与小雨点的"父母"联系。小雨点的"父母"将以东北人特有的方式，拜谢每一位提供线索的朋友。拜托了！

小雨点"父母"在北京的电话：XXXXXX

（二）北京正在找她

近日有不少古道热肠的北京乡亲，向小雨点的"父母"提供了许多关于小雨点的线索，但经证实后，都不是我们要寻找的小雨点。

拜托大家再留意一下：小雨点，身高19公分，籍贯：黑龙江。小巧玲珑，甜美纯洁。穿红色衣服，戴一顶小红帽。小雨点出生在纯净美丽的牡丹江边，据说最近曾有人在北京发现小雨点的踪迹，小雨点"父母"特从东北赶来北京，拜托北京的父老乡亲们，谁发现小雨点的下落，请立刻与小雨点"父母"联系。小雨点的"父母"将以东北人特有的方式拜谢每一位提供线索的朋友。拜托了！

（三）小雨点找到了！

灵芝饮料小雨点，来自东北大山林里人迹罕至远离污染的冰天雪地，采灵芝原汁，融天然纯水，每一滴都是大自然所赐。近日小雨点已在北京街头闪光亮相。

在此，小雨点谢谢北京的父老乡亲们！谢谢了！

每一位曾提供线索的朋友将收到小雨点集团的礼品一份。

［评析］寻人启事形式的系列广告，当时叶茂中以只有42万元人民币的预算打响了北京市场。用悬念层层推进，消费者不知不觉地积极参与，新闻媒体的推波助澜达到在强大的饮料市场中占有了一席之地。

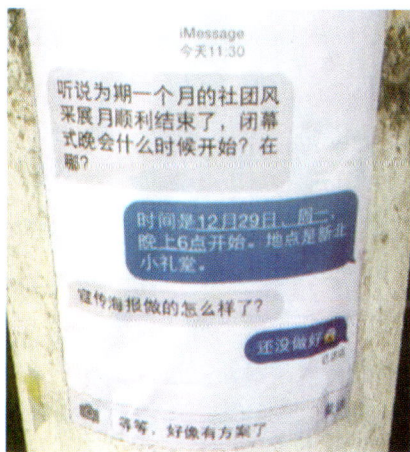

例7　文字创意的海报

例8　高手在民间

例9　热点事件及时跟进

三、自媒体时代的新型广告

　　自媒体时代下的"百花齐放、百家争鸣"一定程度上冲击了"主流媒体"的声音，人们可以自主获取和自主判断所接收到的信息。与专业媒体机构主导的信息传播不同，自媒体是由普通大众主导的信息传播活动，它有别于传统的"点到面"的传播，而是一种"点到点"的对等传播概念。其中微博具有的独特的传播特征，使它目前已成为最理想的自媒体，作为新兴的广告平台，这些特征也是它相对于传统广告媒介的优势所在。微博使得人人都是媒体，人人都可以成为话题的中心。微博的自主化和平等化传播使得受众不再是主流媒体的倾听者和被动接受者，而是拥有了更大的话语权和自主权，对自身价值的肯定也日益彰显，甚至在某种程度上还会引导着社会舆论的走向，"沉默的大多数"在微博上找到了自己的舞台。比如传统媒体可能会直接从微博寻找新闻线索。在微博上，每一个人都可以通过自己的视角表现自己的创意，这为用户的广告创作和创意表达提供了良好的传播平台。微博主要140字，创意表达就显得尤为重要。比如在"奔跑吧，兄弟"火热的时候，邓超作为微博红人，帮陈赫、Angelababy宣传电影《微爱》，一句："大家好，我是Angelababy，我想了很久，有些事情也应该浮出水面了。你说呢，陈赫？"转发量、评论量都比其他微博宣传的效果要好得多，再加上网络自媒体转发的发酵，传统媒体对这条微博的报道，借助"奔跑吧，兄弟"的势头，再加上其他的微博推广，《微爱》影响力得到了很大提高。

　　文字类广告创意是文字表达，所以文字表达力很重要。例：

我是盲人 请帮助我

你对我的标语做了什么

只是用了不同的话

这真是美好的一天，而我却看不见

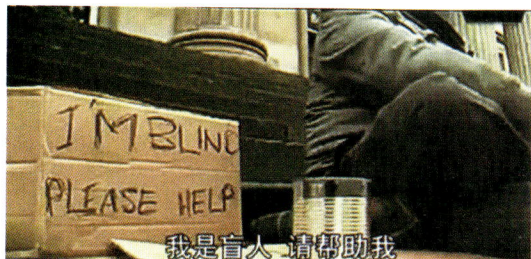

Change your words.
Change your world.

改变你的文字，改变你的世界

文字类广告创意虽是文字表达，但形式创意也很重要。如：

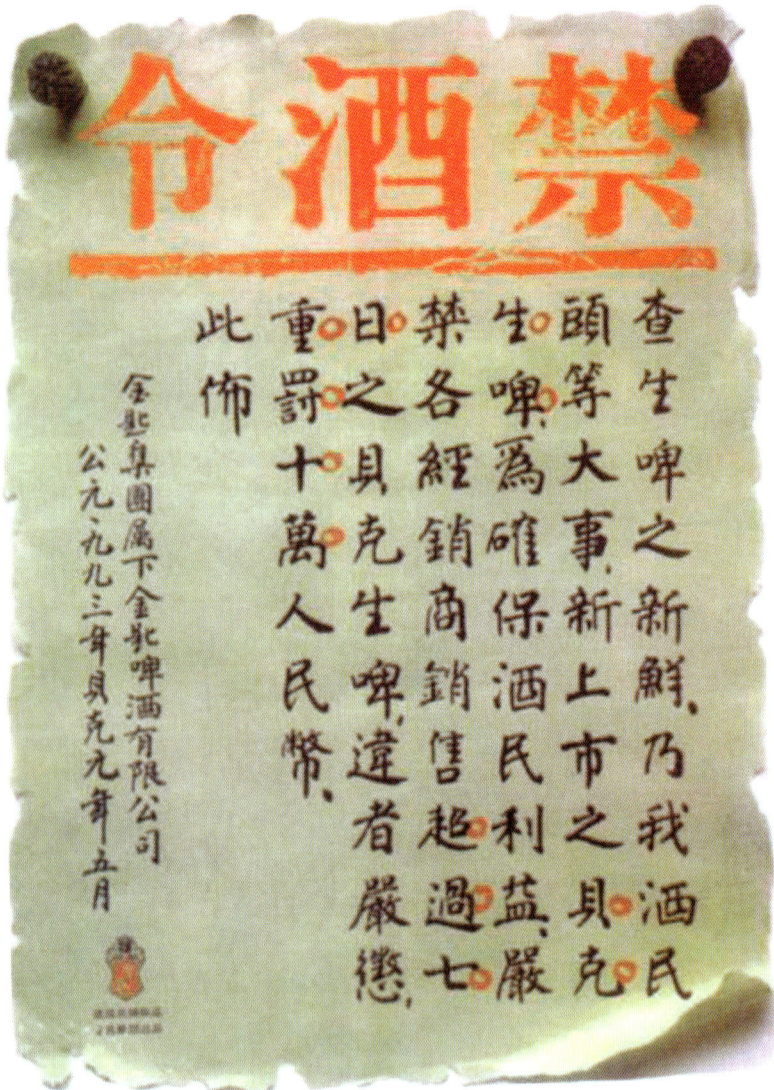

古文中的公文禁令形式，增加了画面的严肃感。

公益广告，用红章的形式，重新定义古诗，触目惊心，发人深思。

千山鸟飞绝 今天
造不区但是一则古诗，也许更是一句可怕的预言……
万径人踪灭 明天

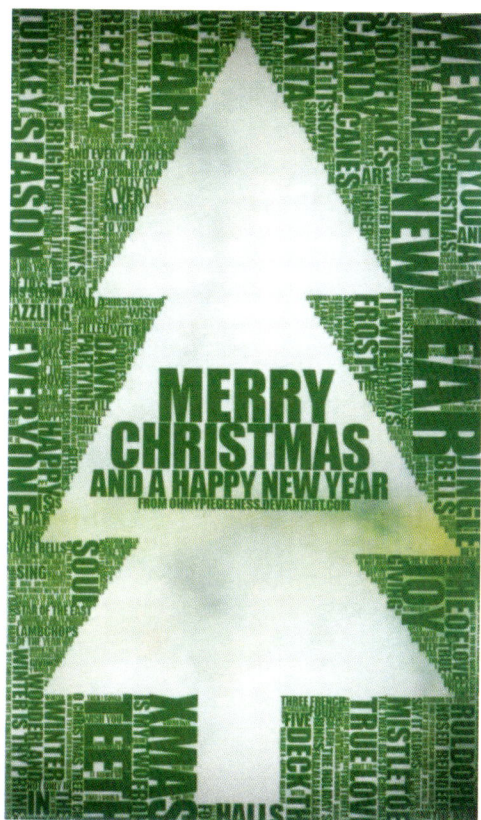

造型中突出文案

召聘 没有一双勤勉能干的手，不要！ 创

扣聘 没有一把犀利快意的刀，不要！ 意

扪聘 没有一张能言善辩的口，不要！ 无

招粤 没有一双兼听八方的耳，不要！ 限

招耶 没有一种死心踏地的轴，不要！ 不

招聘 没有一颗虚怀如"亏"的心，不要！ 循

招聘 策略总监、客户经理、美术指导 环
文案指导 创意文案 资深设计

π 柒月广告（深圳）有限公司
深圳福田中心区香蜜路天健工业园22栋六楼
Weibo：深圳柒月广告 T 0755-83130039

拆字中体现创意

总之，文字类广告有以下几点要注意：

（1）文字几乎成了唯一的武器，所以突出文字的感染力尤为重要；

（2）针对目标消费者，把握切合目标消费者的表达深度；

（3）力求形式的创新，包括字体、排版等等，创新永远给人耳目一新的感觉；

（4）文案和平面、动态画面要注意有效配合。

创意是广告能事半功倍的捷径。

四、世界大师创意方法介绍

20世纪60年代，在西方国家开始出现了"大创意"（Thebig creative idea）的概念，并且迅速在西方国家流行开来。广告大师大卫·奥格威指出："要吸引消费者的注意力，同时让他们来买你的产品，非要有很好的特点不可，除非你的广告有很好的点子，不然它就像很快被黑夜吞噬的船只。"奥格威所说的"点子"，也就是我们所说的广告创意的意思。

所以说，广告创意是指广告制作者通过创造性的思维或者独特的技术手法为广告主所设计的不同于其他广告作品的一种方案。

下面我们介绍一下世界级广告大师的创意方法，以作创意思维指引。

（一）固有刺激法

固有刺激法是李奥·贝纳（Leo Burnett）提出的创意方法，该方法主张：广告产品中必然存在着两种内在的特质，一是企业生产这种产品的成因；二是消费者购买这种产品的动因。两者的契合构成了产品本身的内在固有刺激。

例：李奥·贝纳"月光下的收成"：

无论日间或者夜晚，绿巨人豌豆都在转瞬间选妥。

风味绝佳——从产地到装罐不超过3个小时。

上例向消费者传达了青豆从收割到包装过程中表现出来的精心细致，以及消费者对"新鲜"的渴望。对"月光下的收成"的创意，李奥·贝纳认为兼具产品新鲜的价值和浪漫的气氛，并包含着特种的关切。

（二）独特销售主张

罗瑟·瑞夫斯（Rosser Reeves）提出的独特销售主张（Unique Selling Proposition）简称USP理论。USP理论包括三个方面：

一是每个广告不仅靠文字或图像，还要对消费者提出一个建议，即买本产品将得到的明确利益。

二是这一建议一定是该品牌独具的，是竞争品牌不能提出或不曾提出的。

三是这一建议必须具有足够力量吸引、感动广大消费者，招徕新顾客购买你的东西。

例：1954年，瑞夫斯为M&M糖果所做的"只溶在口，不溶在手"广告创意是USP理论典范之作。

在广告中，他设计两只手放在银幕上，并且说："哪一只手里有马氏巧克力？不是这只脏手，而是这只手。因为马氏巧克力只溶在口，不溶于手。"

（三）实施过程重心法

伯恩巴克（William Bernbach，1911—1982）是时至今日在广告创意领域最有影响的人物。在《广告时代》世纪末的评选中，他被推选为广告业最有影响力的人物的第一位。

伯恩巴克赞同这样的创意过程：将客户的产品与消费者联系起来，明确人类的品质与感情扮演怎样的角色，然后广告决定如何利用电视或平面形式向消费者传递信息并赢得他们。他认为广告信息策略的"如何说"这个实施的部分可以独立成为一个过程，形成自己的内容。这就是所谓的实施过程重心法。

"我警告你们，不要相信广告是科学。"伯恩巴克就是采用这样自信而绝对的说法来强调自己的广告哲学。他首倡美术指导和文案人员的协作。

他认为，广告的秘诀不在于"说什么"，而在于"如何说"。他认为周密的创意实施过程离不开以下四点：

（1）要尊重消费者。广告不能以居高临下的口吻与你的交流对象说话。

（2）广告手法必须明确、简洁。广告必须要把要告诉消费者的内容浓缩成单一的目的、单一的主题，否则广告就不具有创新。

（3）广告必须与众不同，必须有自己的个性和风格。广告最重要的东西是要有原创性和新奇性。

（4）不要忽视幽默的力量。幽默可以有效地吸引人的注意力，使人得到一种收听、收看和阅读的补偿。

伯恩巴克利用实施过程重心法的著名作品是为大众金龟车所做的系列广告。金龟车被初次介绍到美国市场时，被认为有四个特征：外观不漂亮、小、后引擎驱动、外国制造。这四个特征皆不被看好。在此之前，美国所有的汽车广告都是展现富丽堂皇或赏心悦目的图景。然而，伯恩巴克却在产品特点的基础上，抛弃传统的诉求方式，以幽默和别致的创意制造了广告史上的奇迹。

金龟车的系列广告画面都很简洁，只是单纯的金龟车，通常是黑白两色，主标题是"想想还是小的好"（Think Small）。标题简单却富有深意。

（四）品牌形象法

大卫·奥格威（David Ogilvy，1911—1999），富有传奇色彩的广告大师，奥美广告公司的创办人，以创作简洁、富有冲击力的广告而闻名于世。他的广告作品的特点是文辞华丽却又切合实际，尊重消费者而不是幽默机敏。他为世人流下了许多杰出的广告创意：哈撒韦衬衫、壳牌石油、西尔斯连锁零售点、IBM、罗斯－罗依斯汽车、运通卡、国际纸业公司等等。大卫·奥格威擅长于以事实为依据的长文案，大卫·奥格威认为每一个广告都是对整个品牌的长期投资，任何产品的品牌形象都可以依靠广告建立起来。他认为品牌形象并不是产品固有的，而是产品的质量、价格、历史等，在外在因素的诱导、辅助下形成的。

根据品牌形象的理论，由于一个产品具有它的品牌形象，消费者所购买的是产品能够提供的物质利益和心理利益，而不是产品本身。因此，广告活动应该以树立和保持品牌形象这种长期投资为基础。

利用品牌形象法获得成功的著名案例是李奥·贝纳的万宝路香烟。万宝路一度曾是带有明显女性诉求的过滤嘴香烟。自1950年代中期开始，万宝路香烟开始和"牛仔""骏马""草原"等形象结合在一起，从而使万宝路的世界逐步扩大，获得了前所未有的成功。万宝路的粗犷豪迈的形象从此深入世人之心。

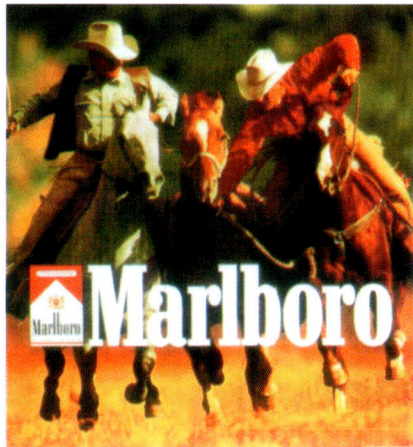

（五）定位法

20世纪70年代艾·里斯（ALRise)和杰克·特劳特（JackTrout)提出"定位"（Poitioning）概念，在国外已被认为是进行广告策划的最基本的方法之一。

所谓"定位"，就是把产品定位在你未来潜在的顾客心中，或者说是用广告为产品在消费者的心中找出一个位置。这个位置一旦确立起来，就会使消费者在需要解决某一特定消费问题时，首先考虑某一品牌的产品。定位并不改变产品本身，而是要在顾客心中占领一个有利的地位。

比如：洗发水中"海飞丝"专做"去头屑"市场，在这个细分的市场，能做到提醒别人好用的去头屑产品的时候，很多人直接说"海飞丝去头屑很好用"，"海飞丝"成了"去头屑"的代名词。这就是定位取得极大成功的典型案例。

广告界创意方法很多，以上只是几位大师的理论总结。

任务二　文字表达创意训练

一、文字创意训练

（一）文字表达力训练

语言有无限多种可能的表达，广告就是要找出最精准的那句。请依据"玛利亚有一只瞎了左眼的猫"变换文字表达，但核心意思不变。

（二）词语关联性联想，锻炼想象联系能力

比如:

03策划（2）班
李轶琳

（三）接话训练，锻炼想象力延展

如果God is a girl（上帝是个女孩），会怎么样？

请写出你的设想，越多越好。

参考：

世界上就没有战争

下雨会是下香水

天空会有花瓣雨

这个世界充满了争吵

这个世界有更多的嫉妒

云是粉色的

男人生孩子，女人喂养

不会有沙漠，随便哭哭就有了河流，世界乱套了（女人逻辑思维不强）……

补充：这个方法叫做科幻小说式训练法，它的基本公式是：如果……会怎样？

你也可以自己想一些"如果……会怎样？"来训练自己的创意。

这个训练法的原理是：当有了一个不可能的假设后，人们就可以突破常识、常规、常理，而有些超乎寻常的想法！

（四）试图找出两个不相干事物的共通之处，广告创意常借助有共同点的事物表达，训练寻找共同点的能力

第一步：花10分钟，找出杯子与苍蝇有哪些相同的地方；

第二步：花10分钟，为杯子和苍蝇找一些有用或有趣的组合。

参考：

它们都喝水

都会死亡

都存在于人的生活中

都喜欢待在厨房

它们都不喜欢和人沟通

它们都喜欢喝甜的东西

它们都很脆弱

它们的长相很不一样

它们总是出现在我的眼前

它们的名字都是两个汉字

用苍蝇的外形做一个玻璃杯子，新奇

利用把苍蝇放在杯子里以喝到苍蝇为名白喝的做法

是苍蝇干净？还是杯子干净？可以科学地调查一下

其实苍蝇的最爱一直是杯子，它总是会在杯子面前飞来飞去，想让杯子注意它……

补充：以上两个答案都越多越好，而且可以荒唐一些，为了保证思维的流畅性，你尽管写下一切想到的东西。

（五）比喻创意训练

比喻更为形象，是广告常用的手法之一。

"第一个说女人是花的人是天才，第二个则是傻瓜。"比喻一定要足够新鲜有趣。

比如：围绕"出租车"的比喻。

根据出租车飞驰的特点，说它"像奔向磁铁的铁钉""像烧红了屁股的猴子，急着向前跑""像被猛虎追赶的小鹿，急着向前跑"；

根据出租车不断看路边的人的特点，说它"像丢了孩子的母亲""像迷失方向的人，不知道下一站在哪里？""像探索者一样，开往未知的终点……""像小偷一样，总是不住地张望"；

根据出租车一辆一辆不断出现这个特点，说它"像成群迁徙的犀牛"……

二、创意设计实训

（一）参考下列资料，请为某品牌葡萄酒策划设计一则广告

背景资料：

（1）地理条件：在西北的戈壁滩上，和法国的波尔多处于同一纬度，昼夜温差大、气候干燥，十分有利于葡萄生长。

（2）产品特点：有机葡萄酒。何谓有机葡萄酒？①种植条件有机化。葡萄园的土壤不含有任何的杀虫菌剂和无机肥料。肥料只可以是牛粪、葡萄渣滓、堆肥及其他的有机肥料。②酿造过程有机化。葡萄酒的发酵过程全部采用野生酵母，不含添加剂，酿造过程不采用过滤剂，只通过沉淀去除沉淀物。为什么叫它有机葡萄酒呢，因为它有一个中国最大的葡萄庄园，在西北的戈壁滩上，绝对的天然，和法国的波尔多处于同一纬度，昼夜温差大、气候干燥，十分有利于葡萄生长。现在市场上已经有了有机葡萄酒这种产品，但是传播力都很小。这一款产品出现后，如何突破消费者的传统认识、如何教育消费者，是这款产品命名的关键。

要求：

（1）请为此葡萄酒命名。

（2）参照其特点，写出该款葡萄酒的卖点。

（3）请为此葡萄酒撰写广告文案，要求文案的结构完整。

（二）根据近一届全国大学生广告艺术大赛、中国大学生广告艺术节学院奖中选题，完成文字创意广告一份，形式自由发挥，注重创意表达

选题例：RIO锐澳鸡尾酒命题策略单，根据策略单要求完成其中的广告文案。

第13届中国大学生广告艺术节学院奖RIO锐澳鸡尾酒命题策略单：

命题单位：

上海锐澳酒业有限公司

产品名称：

RIO锐澳鸡尾酒

品牌调性：

轻松、自在、快乐、时尚、阳光、健康

广告主题：

无主题，用最自由的方式表达你心中的RIO

传播\营销目的：

1. Hey，来和RIO谈场恋爱吧，来感受RIO是萌萌哒还是酷酷哒，是甜蜜的还是青涩的，有没有让你感受到幸福与温暖，有没有给你带来阳光与精彩，不管RIO给你带来什么感受，请用你所擅长的方式，描述你心中的RIO。

2. 请用你喜欢和接受的方式，讲述你和RIO的这段奇妙相遇。

3. 你有没有带着RIO参与同学派对？有没有一起旅行？有没有介绍给你的闺蜜和好基友，通过你的创作，让RIO在各种场合都备受欢迎。

4. 让RIO红起来，让"Let's RIO"变成一句非常酷的口头禅。

企业\产品简介：

RIO是国内预调鸡尾酒品牌的缔造者及领导品牌。RIO致力于调制满足亚洲人口味的鸡尾酒；也在传递一种轻松、多彩的生活态度。RIO根据消费者对不同口味的喜好，选材全球优质洋酒作为酒基，搭配指定产地的纯果汁，创造出多种拥有清爽口感或醇厚回甘的预调鸡尾酒。

洋酒与果汁的黄金配比混搭，适度酒香中透出淡淡果味，让酒色更为魅惑动人，让轻松快乐滋味随意挥洒。

目标消费群：

18～25岁，90后，追求自我，乐观、勇于尝试新事物，引领潮流的年轻人

命题类别：

■平面广告 ■影视广告 ■营销策划 ■广告文案 ■网络微电影 ■限量瓶产品设计

命题要求阐述：

作为一个开放式的命题，同学们可以大开脑洞，发挥天马行空的想象力去创意，用属于自己的语言和表达方式来描绘RIO那画面太美、我不敢看的idea。

【网络微电影作品要求】——做自己生活的导演，拍摄属于你的RIO色彩大片

1. 有故事、有内涵，讲述你和RIO的那些年；

2. 作品题材不限，只要能传播，无论你是够闷骚、好有趣、小清新、特刺激，我们全部收入囊中；

3. 内容形式不限，无论你玩flash、APP或者直接设计网页游戏，RIO都通通来者不拒。

【营销策划作品要求】——你想带RIO怎么飞？

1. 未来3～5年内，通过你的营销规划，给RIO赋予新的方向，让RIO与你一起飞。

2. 如果你不想带RIO飞去未来，也可以帮RIO着眼于现在，针对某具体项目进行深度策划，比如：

发起某一事件，进行方案策划。例如在高校策划RIO涂鸦瓶创意PK，约战小伙伴。

针对某一渠道，进行促销策划。例如在天猫旗舰店上发起一档促销活动，卖年轻人喜欢的产品，给屌丝享得起的折扣，送高帅富看得上的礼物。

针对某一节日，进行活动策划。比如约个情人节、过个万圣节、迎个毕业季。

针对某一产品，进行推广策划。比如自己调配鸡尾酒，比比创意哪家强。

3. 《奔跑吧兄弟》校园落地方案

作为跑男联合特约赞助商，RIO将继续赞助第二期跑男。品牌希望借助跑男效应，引发更多人在不同的场合不同时机喝RIO（如边看跑男边喝，欢聚庆祝时喝，卖萌时喝，闺蜜时刻一起喝等等），同时绑定RIO与娱乐游戏的关系（RIO正在研发一些周边游戏道具，如撕名牌、国王的游戏卡牌等等）。大广节期间正值跑男第二期播放，你觉得怎样的校园活动能够受到大学生们的喜爱与参与，品牌在活动中提供什么价值最能够赢得好感度？以策划方案形式提交。

4. 整体策划调性要高，逼格要高，着重体现RIO轻松自在、多彩快乐的品牌调性；充分利用各大约战软件，调动小伙伴。如微信、微博及其喜欢的各种APP如美图，以及人人网、QQ等，大家与RIO约在一起。

【广告文案作品要求】——有才还是你有才

1. 构思一句符合RIO调调的slogan，你也可以成为金牌文案高手；

2. 表达你和RIO的相思之情或故事，小清新体、高冷体还是文言文各种形式体裁都OK，情彩不设限；

3. 整点和RIO有关的好玩段子，你也可以做网络手哥。

【限量瓶产品设计作品要求】——少壮很努力，老大当设计

1. 会点PS，别整天修自拍啦，给RIO现有瓶装、罐装做点包装设计吧，任何元素、任何主题、任何创意，只要够多彩、够时尚，就一起来P吧；

2. 产品一个太孤单，给它们设计一套小伙伴吧，瓶形设计但一定要有效果图哦。

瓶子尺寸：181mmx206mm(LxH)；

罐子尺寸：208.5mmx108mm(LxH)

Logo：

I ♥ RIO

锐澳鸡尾酒

官方网站：

PC版：http://www.riowine.com

手机版：http://www.riowine.com/mobile

官方微博：http://weibo.com/riowine

RIO天猫旗舰店：http://ruiao.tmall.com

项目三　图像图画类广告创意及表达

教学目标:

1. 知识目标: 认知图像图画类广告的特点。
2. 能力目标: 能够有效地运用图像图画表达广告创意。

教学重点:

1. 准确把握图像图画类广告的特点。
2. 在各种媒体上有效运用图像图画表达广告创意。

教学过程:

首先,以学生自学为主,教师指导为辅。学生开展资料调研和讨论,完成图像图画类广告创意及表达知识准备;其次,案例教学,在生动的案例中,学生领会图像图画类广告创意及表达;最后创意思维训练。

课时安排:

16课时。

任务一　图像图画类广告策划与创意知识准备

图像图画类广告从设计的角度来看,它包含着文案、图形、线条、色彩、编排诸要素。因为传达信息简洁明了,能瞬间扣住人心,从而成为广告的主要表现手段之一,广泛应用于各种平面报纸、杂志、手册以及包括电脑网络、路牌、车身、灯箱等一切二维空间的或以二维空间为基础进行扩展的多种媒介。它在设计创作上要求表现手段浓缩化和具有象征性,一幅优秀的图像图画类广告设计具有充满时代意识的新奇感,并具有设计上独特的表现手法和感情。并且表现形式日益变化,不但其自身日益成熟起来,而且也成为流行文化中最具前瞻性的领域之一。

对图像图画类广告而言,最为重要的是信息的传达,它将广告诉求的内容、信息与相关的设计要素,通过艺术设计的手段重新组合起来,使广告的表现诉求具体化、视觉化,从而准确、生动、鲜明地表达广告主题。所以色彩、线条、图式等因素成为作用于人们的视觉器官最重要的美的形式。信息的传达效果,取决于设计者是否能够通过某种视觉的形式,清楚地将所表达的概念、内容呈现出来,并使之与受众所感知的内容、意义相吻合。因此,准确而生动地表现内容是图像图画类广告表现的基础,决定着广告的传达效果。所以视觉表达的创意是核心。

一、图像图画类广告的基本格式

（一）文案很轻的广告

我们如今进入一个读图时代，文字常常退为其次。依托优质的纸张和印刷技术，这种广告往往以高清晰度、完美的摄影制作和创意给消费者极大的视觉享受。

如右图，只有随文——产品名称，用画面传达产品信息。

上图每一页都是一段体验（跨页广告），就一句标题，言简意赅地配合画面传达理念。

（二）文案较重的广告

一些具有可保存性、反复阅读性又适合传递关于商品的详尽信息的平面广告，文字比例多但利于消费者理解和记忆。

二、图像图画类广告主要创意方法

其实创意想象没有一定的陈规，这里主要列举一些常用的并且是适合学生的方法，以作参考。

（一）夸张特征法

夸张是指对所要表现对象的形态、特性、功能、用途、内涵、意义等方面进行刻意的放大或缩小，以一种强烈的表达方式，对创意信息进行突出，并且以不会引起误解的夸大来实现。

比如下图用推土机夸张去屑功能强劲。

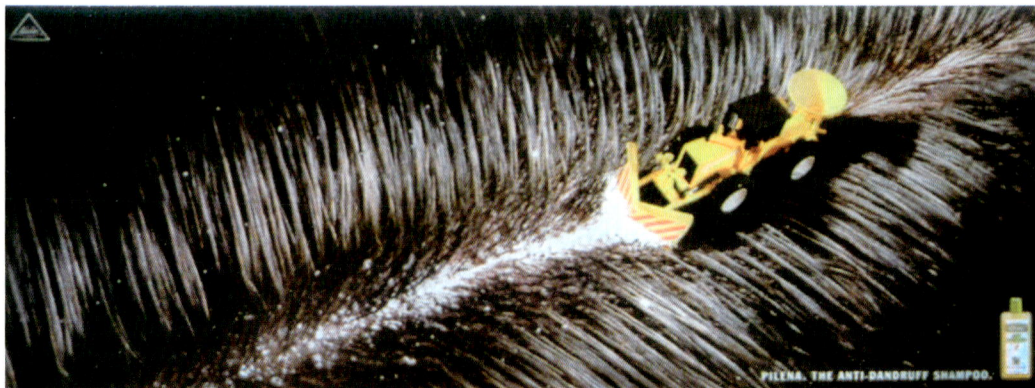

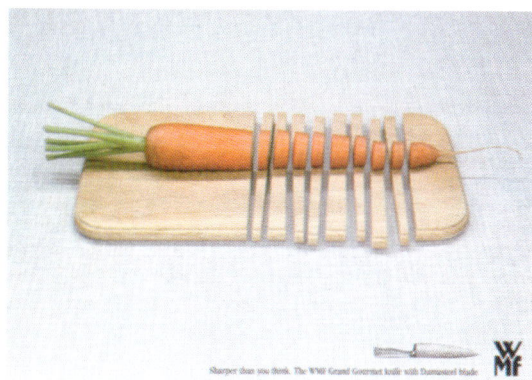

左图造型夸张，极具视觉冲击力，夸张刀具锋利的特点。

左图中猫竟然能钻进老鼠洞，这个瘦身饮料功力，太不一般。

放大是一种夸张，缩小也是一种夸张，如下图，缩小的乐器显得画面很滑稽，突出了此款产品噪音小的特点。

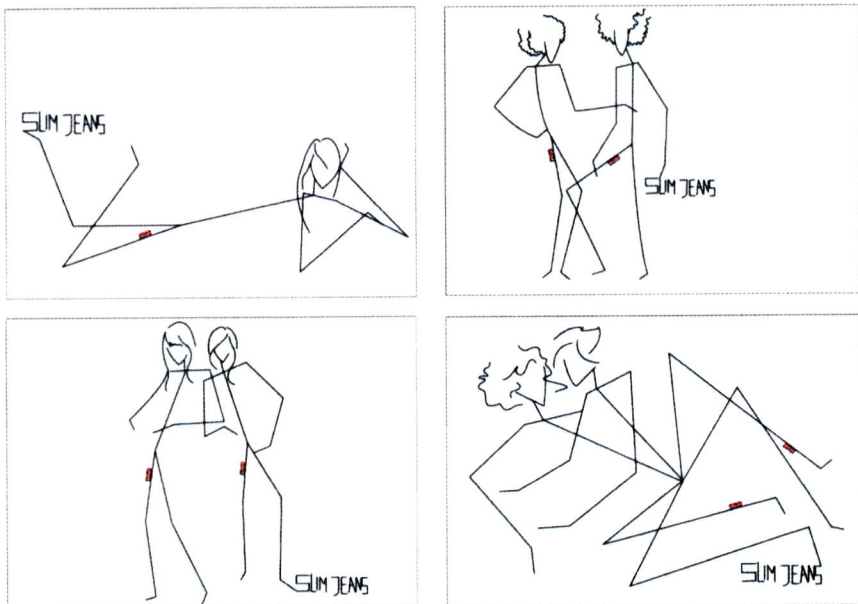

细到一条线的简笔画，夸张表达这款牛仔裤号称纤细的特点，还能更细吗？

（二）对比衬托法

对比是一种趋向于对立冲突的艺术美中最突出的表现手法。它把作品中所描绘的事物的性质和特点放在鲜明的对照和直接对比中来表现，借彼显此，互比互衬，从对比所呈现的差别中，达到集中、简洁、曲折变化的表现。通过这种手法更鲜明地强调或提示产品的性能和特点，给消费者以深刻的视觉感受。

如图：

使用吸尘器后的小狗形态变化，幽默地突出了吸尘器的威力。

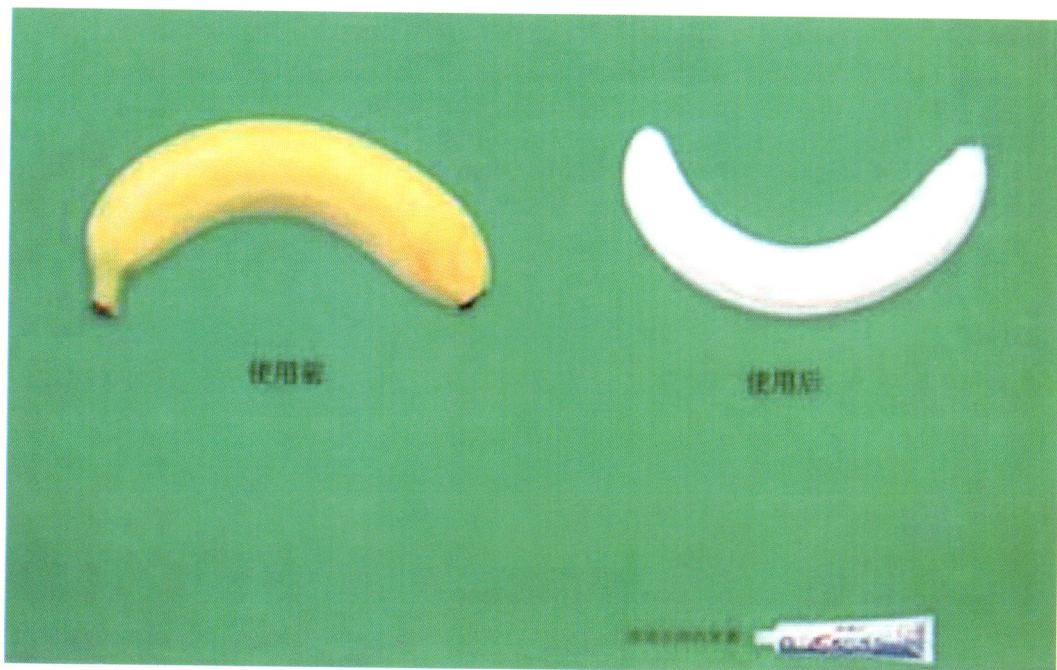

牙膏使用前后用一个香蕉打比方，效果立显，信息直接明了。

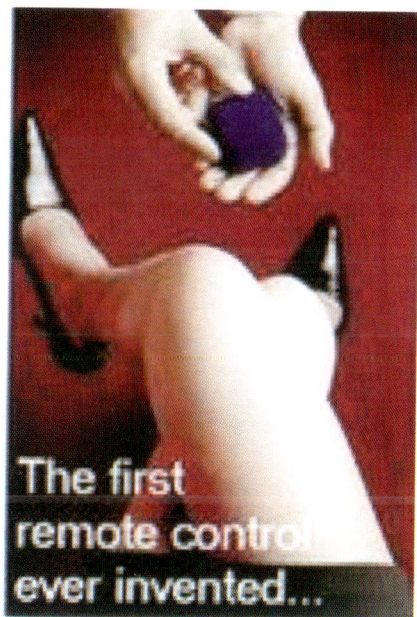

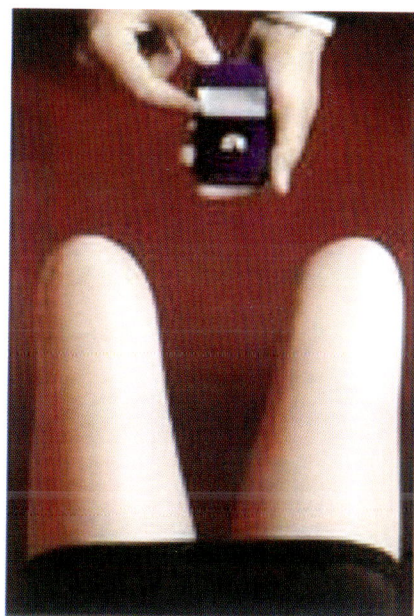

两张腿的姿态对比，钻戒的魅力立显。

　　在宝马面前，它竞争对手的车标竟然"落荒而逃"，宝马品质霸气外露。不过不同产品的比较广告，要慎用。各国广告法法规不同，我们国家的广告法是不允许直接比较的。

（三）借用比喻法

　　比喻法是指在设计过程中选择两个互不相干，而在某些方面又有些相似性的事物，"以此物喻彼物"，比喻的事物与主题没有直接的关系，但是在某一点上与主题的某些特征有相似之处，因而可以借题发挥，进行延伸转化，获得"婉转曲达"的艺术效果。

　　碧浪洗衣粉用打开的枷锁、镣铐、铁窗，直接对应了主题"为你解开手洗束缚"

上图是这款啤酒的夏季广告，一组啤酒瓶打开的扇子形状，形象地把夏季清凉的感觉表达得淋漓尽致。

（四）对应置换法

是从看上去似乎毫不关联的广告表现客体中，选择出某一性能、成分、条件或某一状态的关联性，找到它们在某种特定意义上的内容联系，按照广告主题诉求的需要，进行特殊的组合和表现，从而产生一种具有新意的、奇特的广告表现形式。

如右图：

这支公益广告，把"酒"的三点水，置换成"红灯"，禁止酒后驾驶的主题鲜明突出。

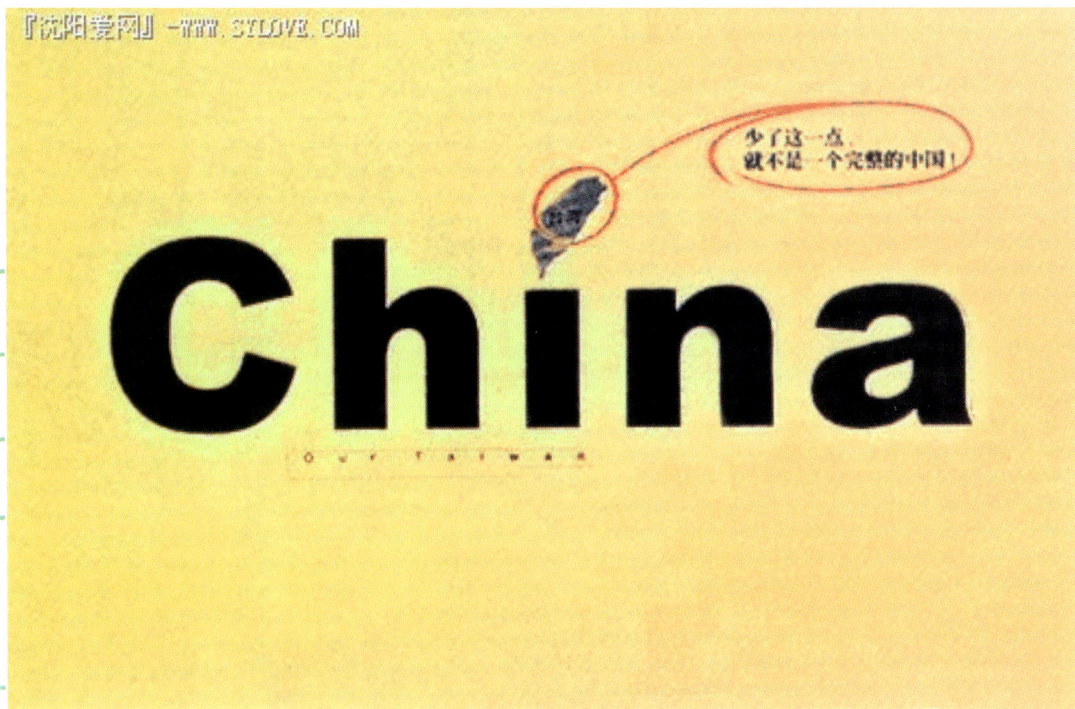

公益广告，China的"i"上的一点置换成台湾，领土完整的概念大大加深，加上简单的旁白，很好地表达了一个中国、反对"台独"的主题。

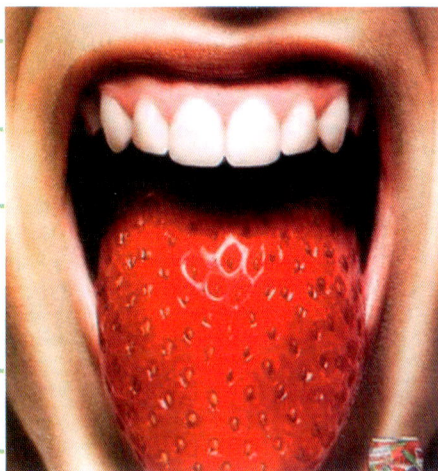

草莓置换舌头，饮料口味不言而喻。

辣椒置换嘴唇，辣酱之"辣"的感觉是否就在嘴边？

（五）迂回幽默法

广告创意中的迂回幽默，是对那种王婆卖瓜式的广告诉求的一种理性的避让，是将广告信息巧妙地传达给受众的一种含蓄的智慧。

如图：

这是一则丰胸药品的广告，间距给人以遐想，尽在不言中。避免了此类产品宣传的尴尬，凸显了创意智慧。

警察追击中，用鞋子像用潜望镜一样窥探敌人，迂回地表达用这款鞋油擦鞋子光鉴照人。

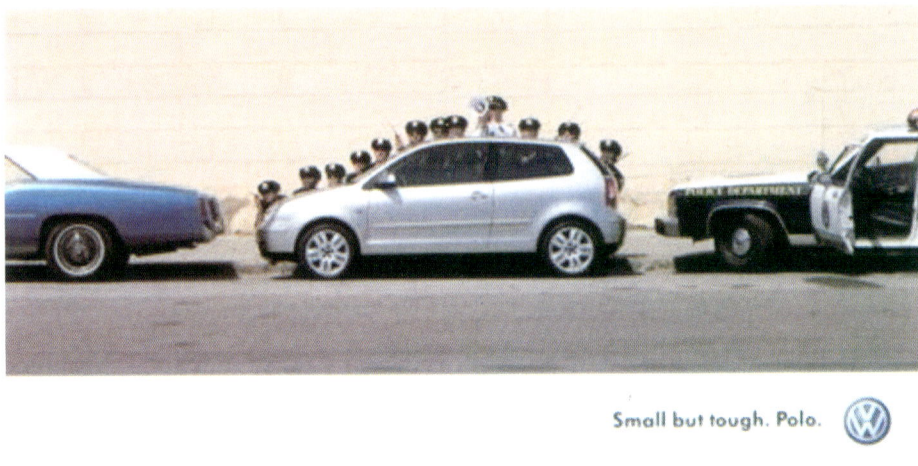

Small but tough. Polo.

图 4-27 POLO 汽车广告

警察喊话歹徒，竟然弃警车不用，全聚到Polo后面防弹，Polo的厚实坚固还用质疑吗？

（六）艺术造型法

广告创意上的造型更多地包含了艺术造型的内容。它依照艺术设计美学观念及形式构成各法，运用图形、图像、色彩、文字、符号及语言、音乐、灯光、动作等造型要素，构建出广告形象样式，以传达和阐释广告信息及内容。

绝对伏特加打进美国市场，典型地运用了艺术造型原理，从最初围绕产品拍艺术感的照片，到最后抽出产品外形，围绕简易的瓶型创意，造型运用出神入化。如下图：

再如：

可口可乐"最高通缉"的英文字母most wanted造型，霸气外露。

这款定发胶塑造的埃菲尔铁塔造型，妙趣横生，产品诉求点明确、简洁。

创意没有定法，角度可以不断出新，广告才越来越丰富。另外形式上的不断创新，也能使图像图画类广告面貌一新，吸引眼球。如下图：

DHL 快递：转瞬即达。（跨页广告）

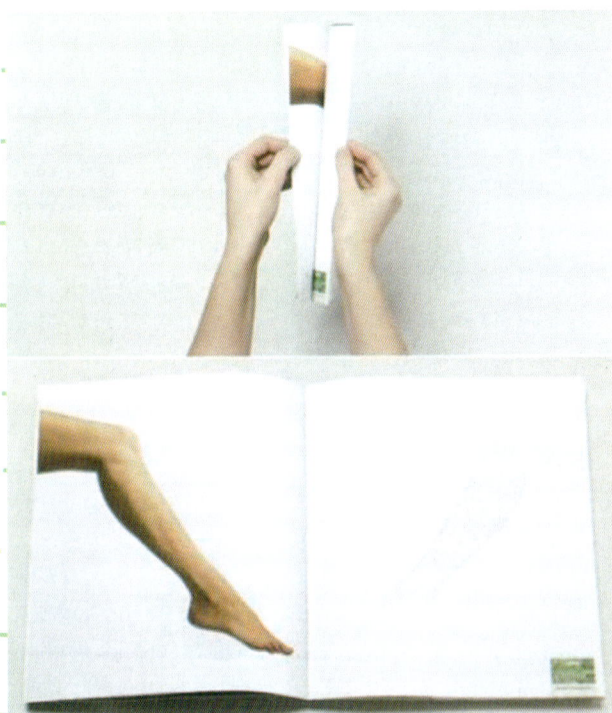

Depilatory Strips脱毛带，就是看的有点疼。（立体广告）

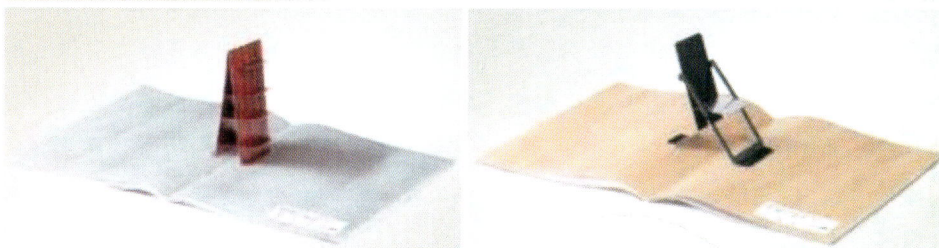

轻量级家具品牌 NHA Xinh 。（立体广告）

钢琴教学广告，白纸部分是联系方法，可以撕下留存。

任务二　图像图画类广告创意表现

一、案例：文案很轻的广告

（一）步骤一

命题单位：盼盼食品集团

命题产品范围：盼盼休闲食品类全系列产品（烘焙类、膨化类）

命题产品属性：绿色、健康、营养、时尚、方便、放心

命题主旨内容："盼"文化的塑造与提炼

命题创作方向：

（1）塑造提炼盼盼品牌之"盼"文化的具体内涵；

（2）合理演绎"盼"文化背景下的盼盼品牌故事；

（3）在"盼"文化引领下的广告创意创作与表现。

品牌调性\内涵：休闲、时尚、年轻、快乐、激情

传播\营销目的：

（1）盼盼食品作为中国休闲食品的领军品牌，深切关注以年轻白领和高校学生为核心代表的消费群体对盼盼品牌的态度和看法。众所周知，高校学生群体是新生创意力量的代表，他们青春活力、激情勇敢。我们真切期待高校学子们充满无限激情的广告创意思维，能为盼盼食品品牌的持续传播和有效提升注入新鲜的元素。

（2）"盼"文化，是盼盼食品欲全力打造的核心品牌文化，我们希望借由高校学子们的广告创意，去实现"盼"文化内涵的探究、挖掘、塑造和提炼，以及盼盼食品品牌故事的经典演绎。

企业\产品简介：

盼盼食品集团始创于1996年，是以农产品精深加工为主的国家级农业产业化重点龙头企业，在全国范围内建立了沈阳、成都、漯河、临沂、南宁、汉川、长汀、徐州、白银、吉林等17家分公司。市场营销网络遍布全国各省市县和重点乡镇。

公司主营产品：

法式小面包、软面包、铜锣烧、瑞士卷、干蛋糕、软华夫等烘焙类产品；盼盼麦香系列、子品牌"艾比利"系列膨化类产品。

目标消费群体：14～35岁消费群体（大、中学生及年轻白领、上班族）

主要竞争品牌：好丽友、上好佳、乐事、达利园等烘焙类、膨化类休闲食品

主要命题类别：平面广告（根据本次命题要求所提炼出来的文案内容创作适合在报纸、杂志、户外广告、品牌形象海报上发布和使用的作品，画面以品牌形象展现为主；注意结合盼盼品牌和产品信息，使平面画面表现统一、完整。）

重要补充事项：

（1）本次创作的前提是"盼"文化内涵的提炼和塑造，任何广告创意作品都需在这个基

础上进行，切记：无"文化"，不创作；

（2）适时考虑使用品牌标准logo：盼盼、艾比利（含具体品项logo）；

（3）适时考虑使用和重新创作品牌广告语、推广口号。

Logo及图片：

官方网站：

www.panpanfood.com（集团官网）

www.27527.cn（活动官网）

（二）步骤二：头脑风暴，完成平面创意表述

1. 舌尖上的原味——不同口味的艾比利薯片

用相类似事物直接对应的方法让人一眼记住它的产品特性。在视觉表现上，采用摄影的手法，用艾比利薯片拼成各种口味所代表的物体，比如香辣味的是辣椒，土豆是原味，烧烤则是风情烧烤，既符合了艾比利薯片的主题，又强调了它的产品性能，加深消费者记忆又激发他们的购买欲望。

2. 片片好吃看得见

抓住产品的核心诉求与卖点，通过简单的线条勾勒，以留白传达透明这一信息。再以口号：片片好吃看得见，图与文相呼应，准确地传达出艾比利薯片的透明包装这一特性。

（三）步骤三：创意表现实现

1. 舌尖上的原味——不同口味的艾比利薯片

辣椒篇

烧烤篇

原味篇

2. 片片好吃看得见

袋装篇

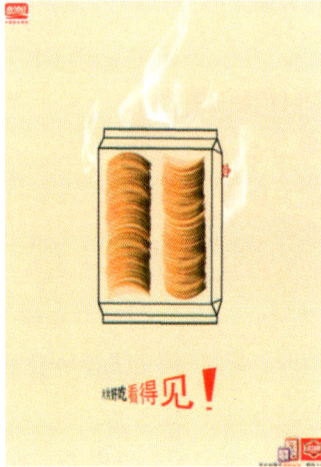

盒装篇

桶装篇

二、案例：文案很重的广告

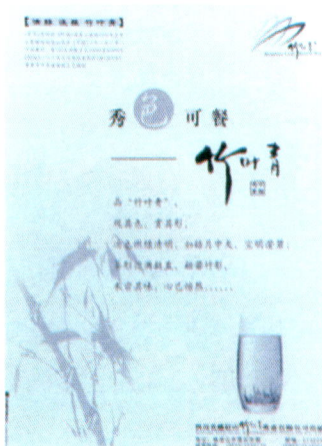

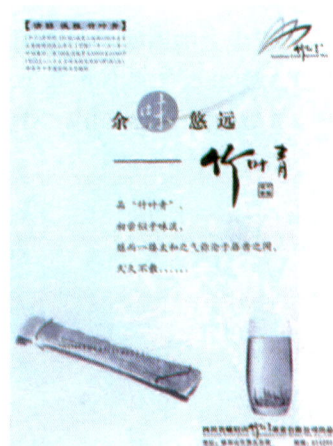

围绕产品，文学的表达，艺术的渲染，相得益彰；最后看似世俗的"尝鲜啰"，一语惊醒梦中人，强调时不我待，促进购买欲望，达到广告诉求。

三、其他一些平面广告案例

（一）学生作业：参加江苏省一次宣传严禁酒后驾驶的公益广告大赛

2009年8月15日以来，"严厉整治酒后驾驶交通违法行为专项行动"在全国范围内展开。车祸猛于虎，醉酒驾车无异于主动放虎行凶，所以这种行为是可忍孰不可忍。6月30日，南京的张明宝醉酒驾车连撞9人，造成5人死亡、4人受伤，其中包括一名孕妇死亡；12月14日，成都的孙伟铭醉酒驾车致人4死1伤……一件件醉酒驾车的案例触目惊心。

死者长已矣，生者何自处？缘于这样的现实，想到用公益广告的形式警示驾车人，珍惜自己的生命，珍惜他人的生命。

创意表现上以局部代整体，选取最具代表性的码表、轮胎结合酒杯、酒瓶表现，但表现手法上既具象又抽象。具象图形作为表现手法，作为公益广告能达成容易识别、容易解读、容易理解的目的；抽象以符号化的图形形态，象征性地代表某种特殊的意义，发人深省。

色彩上一黑一红，黑的凝重，红的刺目，鲜明的色彩对比，尤其是鲜血的红强烈地警醒世人。

广告语"如果还有明天"以假设的语态暗含警示，醉酒驾车自己没有了明天，别人没有了明天；"如果还有明天"，请别醉酒驾驶，对自己负责，才能对他人负责，对他人负责，首先对自己要负责。

（二）经典创意案例

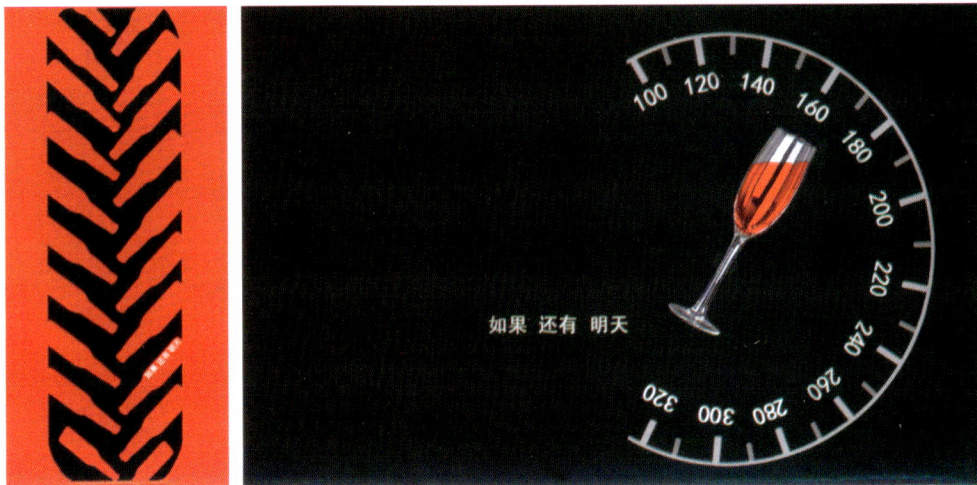

1．戛纳平面类金奖作品：触目惊心的画面，或许直观残忍的画面才最具警醒的作用，用因交通事故致残的真实人物充当指示标志，现身说法，如此现实，还不能勾起你的自省？残酷的创意。

2.

MINI：脱缰的野马

3.

Soho 高跟鞋：Head ——在上面的感觉怎么样呢？

4.

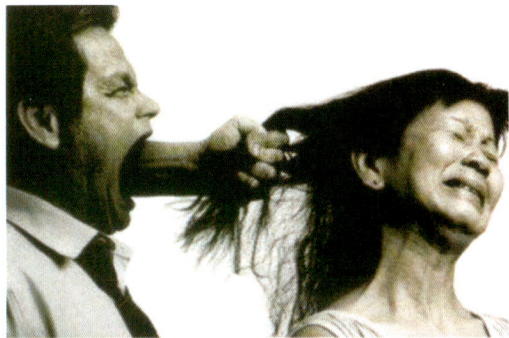

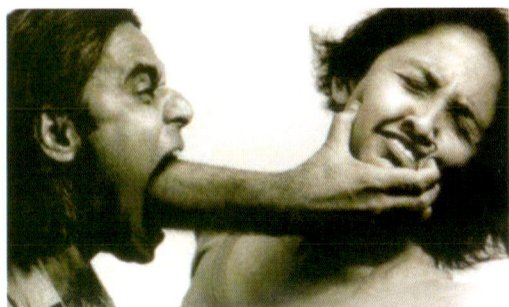

公益广告，语言暴力也能伤人。

5.

开心滋味，只因QQ

奇瑞QQ，开心果，要的是一种心情。

任务三 图片表达创意训练

一、图片背后的话

每个图片背后都有一句话，那是摄影师或画家的思考，或者仅是图片所偶然传达的一种感觉与真理。

所以，在这个训练中，请尝试写出图片背后的那句话。

二、视觉辞典

（一）关于"安全"的视觉化表达

安全帽、安全套、安全气囊、安全带、安全灯、安全绳、安全阀、安全门、安全鞋、安全设备；

路障、反光带、检查；

乌龟、蜗牛、刺猬，老虎、狮子；

驱蚊草：代表守护、保护、安全感，

矮牵牛：代表安全感、与你同心；

医生、保安、保镖、护法；

神、菩萨、护身符，开光；

360安全卫士，防火墙；

金钟罩、铁布衫……

养儿防老，防患于未然、未雨绸缪；

无坚不摧、坚如磐石、毫发未损、安然无恙。

（二）围绕"安全"，描述平面广告画面表现

将以上文字变成图画，就变成了关于"安全"的视觉辞典。

下图是某银行强调资金安全的创意表达：

三、综合训练

课堂讨论：请试着想一想"专业"这个词有哪些视觉化的表达。

根据近一届全国大学生广告艺术大赛、中国大学生广告艺术节学院奖中选题，完成图像图画类广告一份，要求：

步骤一：完成图像图画类广告创意表述；

步骤二：完成图像图画类广告，注重创意表现。

以下是第13届中国大学生广告艺术节学院奖"香飘飘奶"茶命题策略单，根据策略单要求完成其中的平面广告。

命题单位：

香飘飘食品股份有限公司

产品名称：

香飘飘奶茶

广告主题：

香飘飘奶茶，有料更美味

品牌调性：

温暖、乐观、健康、美味、主流、热销、有料

传播\营销目的：

2014年香飘飘品牌升级，推出全新品相和理念，鼓励忙碌的现代人用一杯奶茶的时间享受品味生活，追求"有料更美味"的人生。我们期待可以将此主题进行更精彩的演绎，诠释不同消费者心中的"有料更美味"。

企业\产品简介：

香飘飘食品股份有限公司是一家致力于奶茶品类研发、生产和销售的专业制造企业。作为杯装奶茶的品类开创者与领导者，连续9年行业销量领先。

2014年品牌全面升级，推出红豆升级装、芝士燕麦、焦糖仙草和黑米椰浆全新口味，满足现代消费者的口味和感官需求。

目标消费群：

目标人群锁定在15~35岁年轻女性，她们追求新奇事物，渴望在日常生活中多一些刺激。新产品、新事物、新潮流对她们来说充满诱惑，追求同辈的认同感，并且乐于分享和传播。

主要竞争者：

其他奶茶品牌，如优乐美、天喔炭烧奶茶、农夫山泉打奶茶

命题类别：

■平面广告■广告文案■场景应用

命题要求阐述：

（1）广告文案（slogan文案）是广告的整体构思，对于诉之于听觉的广告语言，要优美、流畅，使其容易识别、记忆和传播，从而突出广告定位。在准确规范、明晰表达品牌主张的基础上，可以做到生动形象、富有创意。

（2）平面广告主题是"香飘飘奶茶，有料更美味"，需要传达信息简洁明了，能瞬间扣住人心，既符合大众审美又符合时代潮流。

平面广告作品不仅要有简单的告知功能，更要有独到的创意思维，恰如其分的表现，两者既有不同，又相互统一。

Logo：

官方网站：

http://weibo.com/xppt

项目四 影视类广告创意及表达

教学目标：

在认知影视类广告特点的基础上，把握创意在影视广告中的重要作用，完成影视类广告的创意表现。

教学重点：

影视广告类创意表现。

教学方法：

首先，以学生自学为主，教师指导为辅。学生开展资料调研和讨论，完成影视类广告创意及表达知识准备；其次，案例教学，在生动的案例中，学生领会影视类广告创意及表达；最后创意思维训练。

课时安排：

12课时。

任务一 影视类广告创意及表达知识准备

一、影视广告

影视广告即电影、电视广告影片。影视广告的英文简写为"CF"，C (commercial)：商业的，商贸的；F(film)：胶卷、影片、薄膜、膜层，CF：从字面上翻译是"商业的影片"。原意上是指使用电影胶片拍摄的广告片，即电影广告片。影视广告片既有电影广告又有电视广告，它们之间可以通过胶转磁或磁转胶等技术手段进行播放介质的转换，所以它们既可以在电影银幕上播放，也可以在电视机上播放。因此，国际上泛指为电影。

二、影视广告特点

影视广告四大要素是图像、文案、声音和时间。

（一）视觉要素

影视广告视觉要素有两种形态——图像和字幕。

影视广告图像（又称画面）是影视广告中最重要的因素。图像造型表现力和视觉冲击力是电视广告获得效果的最强有力的表现手段。影视广告以运动的和定格的两种方式存在。

依靠运动的图像增强表现力和感染力，格外注重商品的动态表现。巧妙地创造商品的运动的方法很多，可以让商品自身运动起来；用人的行为创造商品的运动；运用光影创造商品运动。

（二）听觉要素

影视广告的听觉要素包括广告语、音乐及音响三部分。

影视广告作为听觉部分的广告语有两种形态：一种是旁白；另一种是广告模特儿的台词。影视广告音乐包含背景音乐和广告歌。影视广告的音响是影视广告中人和物的运动时发出的，也有为了渲染情绪和气氛而附加的。

影视广告在表现形式上，吸收了装潢、绘画雕塑、音乐、舞蹈、电影、文学艺术的特点，运用影视艺术形象思维的方法，使商品更富于感染力、号召力。

影视广告按自身的性质而言，它是商品信息的传递，但在表现形式上又与其他种类的广告不同，它是以艺术的手段来制作的。因此说，影视广告是科学的信息传递，又是利用艺术手法来表现的。

三、影视表达的语言——蒙太奇

蒙太奇的含义："蒙太奇"是法语"montage"的译音，原是建筑学上的用语，是"装配""构成"的意思，即把各种建筑材料、构件安装装配起来，构成一个完整的建筑物。"蒙太奇"的术语引申到影视创作中，最基本的含义是剪辑和组合的意思。

影视创作者为了塑造完整的银屏形象，第一步是把现实的生活、过程分割成许多小片断，通过摄像机分别拍摄下来。拍摄下来的一个个零散的镜头，在没有经过适当的组织和装配之前，它们并不构成完整的作品形象，于是创作的第二步，就要把这些零散的镜头"装配"起来，组装成为一个表现一定思想内容的有机整体。即根据影片所要表达的内容，和观众的心理顺序，将一部影片分别拍摄成许多镜头，然后再按照原定的构思组接起来。苏联电影大师库里肖夫指出，"把动作的各个镜头在一定顺序下连接（装配）成一个完整的艺术作品，这就叫蒙太奇"。

四、案例

Levis牛仔裤是历史上销售最好的牛仔裤之一。其中501系列创造于1873年，具有洗水后合身的特色，采用铜纽扣。这支一分钟广告，两条主线，一条副线，蒙太奇手法炉火纯青。两条主线情节不断推进，交代了一个三角恋的故事：男子又恋新欢，旧爱为泄心头之恨，找巫师作法惩罚前男友；一条副线不时穿插踢踏舞镜头，尤其配合踢踏舞快速的音乐节奏，情节逐渐推向高潮。但广告结尾主诉求明确，没有铜纽扣的保护，这个男孩就惨了，突出了品牌特点。

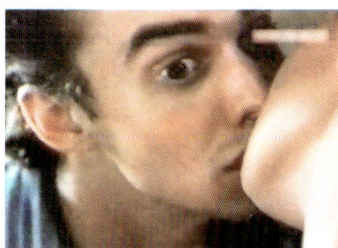

任务二 影视广告创意思维训练

一、思维训练：联想与想象

香蕉、柠檬、西瓜、橘、榴梿、杧果、苹果……

训练要求：根据自己所选的水果写一段文字，字数不限，形式不限。

一些注意事项：

（1）选择五种水果。

（2）扣住水果特点。

（3）要明白这个训练的目的，一是训练同一主题下不同的创意切入点，二是训练文笔，所以要注意在写的时候开拓思路，多写一些不同风格的、不同笔法的。

（4）可以加新元素。

（5）不要过于简单，过于简单就达不到目的，当然也不要过长。

二、思维训练：看广告作品，分组体会，并用头脑风暴等方法，产生新的创意方案

1. 奥迪广告一则

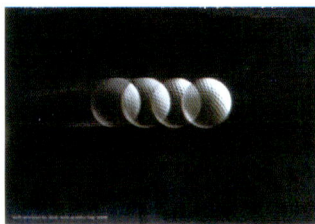

2. 超薄苹果笔记本电脑一则

任务三　影视广告脚本撰写

一、实训要求

选择经典广告，反写影视广告脚本。

【案例】"南方黑芝麻糊"电视广告文稿

时间：约20世纪30年代的一个晚上

地点：江南小镇街巷

人物：小男孩、挑担卖芝麻糊的妇女、妇女的小女儿

片长：30秒镜号景别镜头

（一）广告拍摄脚本

镜头一：（遥远的年代）麻石小巷，天色近晚。一对挑担的母女向幽深的陋巷走去。（画外音，叫卖声）："黑芝麻糊哎——"（音乐起）。

镜头二：深宅大院门前，一个小男孩使劲拔开粗重的樘栊，挤出门来，深吸着飘来的香气。（画外音，男声）："小时候，一听见黑芝麻糊的叫卖声，我就再也坐不住了……"

镜头三：担挑的一头，小姑娘头也不抬地在瓦钵里研芝麻。另一头，卖芝麻糊的大嫂热情地照料食客。

镜头四：（叠画）大锅里，浓稠的芝麻糊不断地滚腾。

镜头五：小男孩搓着小手，神情迫不及待。

镜头六：大铜勺被提得老高，往碗里倒着芝麻糊。

镜头七：（叠画）小男孩埋头猛吃，大碗几乎盖住了脸庞。

镜头八：研芝麻的小姑娘投去新奇的目光。

镜头九：几名过路食客美美地吃着，大嫂周围蒸腾着浓浓的香气。

镜头十：站在大人背后，小男孩大模大样地将碗添得干干争净（特写）。

镜头十一：小姑娘捂嘴讪笑起来。

镜头十二：大嫂爱怜地给小男孩添上一勺芝麻糊，轻轻地抹去他脸上的残糊。

镜头十三：小男孩默默地抬起头来，目光里似羞涩、似感激、似怀想，意味深长……

镜头十四：（叠画）一阵烟雾掠过，字幕出（特写）："一股浓香，一缕温暖"。（画外音，男声）："一股农香，一缕温暖。南方黑芝麻糊"。

镜头十五：（叠画）产品标板。

镜头十六：推出字幕（特写）：南方黑芝麻糊广西南方儿童食品厂。

（二）图案

二、微电影广告

（一）微电影广告制作手法

从2010年开始，充满草根气质的微电影营销开始登堂入室，成为广告营销市场的新宠。2014年底在网络上一夜走红的微电影《老男孩》，背后是雪佛兰的冠名，姜文执导的《看球记》是与佳能合作，而吴彦祖主演的《一触即发》和莫文蔚主演的《66号公路》，则是凯迪拉克的定制作品，在这股热潮的带动下，"微电影整合营销"的概念应运而生，在传统广告市场竞争日益激烈的行情下，微电影营销凭借强大的互联网传播平台和更为优越的表现形式，成为备受业界关注的广告营销新阵地。

微电影业广告是新兴的广告传播形式，是为了宣传某个特定的产品或品牌而拍摄的有情节的，时长一般在5~30分钟的，以电影为表现手法的广告。它的本质，依旧是广告，具有商业性或是目的性。微电影广告，采用了电影的拍摄手法和技巧，增加了广告信息的故事性，能够更深入地实现品牌形象、理念的渗透和推广，能够更好地实现"润物细无声"的境界。微电影广告，仍然是电影，不同的是，产品成为整个电影的第一角色或是线索，时间上微电影远远比电影短小精悍。优秀的微电影，剧情为王，须有完整的故事情节、精良的电影画面、人物形象鲜明、精彩对白音乐、以情感人等要素。

例：凯迪拉克联手莫文蔚推出的微电影《66号公路》核心情节：女主角的梦想"做最好的自己"也召唤着那些被现实所困却怀揣梦想的人们，勇于挣脱枷锁追寻内心的真我，实现自我价值。另外，不管是从影视的拍摄角度，还是拍摄地点的选择都突出了凯迪拉克一贯的风格——自由、梦想。

（二）微电影作业

要求：构思一个自己认可的小故事；要确定一个主题，并撰写一个分镜头剧本。

三、影视广告脚本撰写

主题是橙子与牙膏结合到一起，构思一个有创意的影视广告，撰写分镜头脚本（30秒）。

任务四　影视广告创意表达实训

一、影视广告脚本训练

根据近一届全国大学生广告艺术大赛、中国大学生广告艺术节学院奖中选题，完成影视广告脚本一份，要求：

步骤一：完成影视广告创意表述；

步骤二：完成影视广告脚本，注重创意表现。

选题为　2015年第七届全国大学生广告艺术大赛命题：

华润三九医药股份有限公司

品牌999红糖姜茶

品牌名称	999® 红糖姜茶
品牌简介	作为2014年度中国非处方药生产企业综合统计排名第一的企业，华润三九一致遵循"为爱专注，为家守护"的品牌理念，为大众健康生活提供可靠支持。 2015年999感冒灵品牌正式推出新产品——999红糖姜茶。红色包装专为女性设计，致力帮助女性改善生理期困扰，关爱呵护女性健康；黄色包装提供感冒不同时期的解决方案，用心呵护大众身体健康。
广告主题	（1）我选择，我喜欢，我大姨妈也喜欢 （2）其他创意主题
主题解析	（1）我选择，我喜欢，我大姨妈也喜欢 隔三岔五，爱要靠谱。每个月那几天，怎么也要好好宠爱一下自己。红糖姜茶，当然要选999的。大品牌出品，品质当然更有保证。 （2）其他创意主题 你在淘宝用秒杀，你在微店玩转发，你在一号店屯过货，你在京东买奶茶。这些年，互联网不知不觉成了年轻人生活的一部分，如果把一个全新品牌交到你手里，你要如何一手策划设计营销推广直到当上霸道总裁呢？快为999红糖姜茶新产品设计360度的网络推广策划案吧！

广告目的	·重新定义目标消费者的使用环境和动机 ·通过具有记忆点的创意方式，迅速扩大目标消费者对999红糖姜茶的认知 ·塑造有别于竞品的品牌性格，提升消费者对999红糖姜茶的价值认知，形成品牌偏好 ·理性层面的产品特点，上升到满足目标消费者的情感需求，从而产生共鸣 ·吸引年轻消费群体尝试999红糖姜茶产品，提升该年龄段的产品尝试率
广告形式	平面广告、影视广告、微电影广告、动画广告、广告策划案、创新综合类。 广告策划案（以下任选其一）： （1）品牌、营销、创意策略策划案 （含产品定位、平面广告、影视广告、终端推广方案、品牌推广方案等） 预算：1000万元 （2）春冬季网络营销方案　预算：300万元 （3）校园活动营销方案　预算：300万元 （4）互联网推广营销方案　预算：300万元
产品名称	999® 红糖姜茶
目标群体	18～25岁以大学生和都市白领为代表的年轻、有活力的群体
相关信息获取	999感冒灵微博：http://weibo.com/999ganmaoling 微信公众号：999感冒灵 更多信息请关注999命题辅导QQ群：

二、综合训练作业

根据近一届全国大学生广告艺术大赛、中国大学生广告艺术节学院奖中选题，完成广告策划书一份。广告策划书是根据广告策划结果而写的，是提供给广告主加以审核、认可的广告运动的策略性指导文件。

要求：

从市场、产品、消费者、竞争者等几个方面展开调研，形成广告策略，最终依据策略，完成广告计划。策划书应具有可操作性，要求完成各创意设计脚本。

参考书目：

张勇主编. 广告创意训练教程. 高等教育出版社，2012

饶德江，范小青，陈璐编著. 广告训练. 武汉大学出版社，2013

穆虹，李文龙主编. 实战广告案例. 中国人民大学出版社，2014